A
resposta
é simples...

A
resposta
simples

Sonia Choquette

A resposta é simples...

Deixe o Espírito Divino guiar sua vida

Tradução
Gabriela Campanhole

Título original: *The Answer is Simple... Love Yourself, Live Your Spirit*
Copyright © 2008 by Sonia Choquette

Originalmente publicado em 2008 pela Hay House Inc. USA.

Todos os direitos reservados. Nenhuma parte desta obra pode ser reproduzida ou transmitida por qualquer forma ou meio eletrônico ou mecânico, inclusive fotocópia, gravação ou sistema de armazenagem e recuperação de informação, sem a permissão escrita do editor.

Direção editorial
Soraia Luana Reis

Editora
Luciana Paixão

Editora assistente
Deborah Quintal

Assistente editorial
Elisa Martins

Preparação de texto
Berenice Baeder

Revisão
Denise Katchuian Dognini

Capa, criação e produção gráfica
Thiago Sousa

Assistentes de criação
Marcos Gubiotti
Juliana Ida

Imagem de capa: **Gary S Chapman\Getty Images**

CIP-Brasil. Catalogação-na-fonte
Sindicato Nacional dos Editores de Livros, RJ

C476r   Choquette, Sonia
           A resposta é simples... / Sonia Choquette ; tradução Gabriela Campanhole.
           - São Paulo : Prumo, 2010.

           Tradução de: The answer is simple...
           ISBN 978-85-7927-089-5

           1. Espiritualidade. 2. Parapsicologia. 3. Vida espiritual. I. Título.

10-1792.   CDD: 131
                                                            CDU: 133

Direitos de edição para o Brasil: Editora Prumo Ltda.
Rua Júlio Diniz, 56 – 5º andar – São Paulo/SP – CEP: 04547-090
Tel: (11) 3729-0244 - Fax: (11) 3045-4100
E-mail: contato@editoraprumo.com.br
Site: www.editoraprumo.com.br

Eu gostaria de dedicar este livro à minha família – Patrick, Sonia e Sabrina, que são simplesmente minha alegria.

Sumário

Introdução 9

Como utilizar este livro 13

Passo 1: Identifique seu Espírito 15

Passo 2: Acolha com prazer seu Espírito 31

Passo 3: Conheça seu Espírito 47

Passo 4: Conecte-se com sua família anímica 61

Passo 5: Mantenha o quilíbrio 75

Interlúdio: O âmago da questão 85

Passo 6: Compartilhe seus dons 113

Passo 7: Lembre-se do que você gosta 129

Passo 8: Aceite as lições da vida com boa-vontade ... 145

Passo 9: Utilize a música 161

Passo 10: Escolha a bondade 173

Epílogo 189

Agradecimentos 191

Introdução

Desde criança, trabalho com os outros, guiando-os pelos desafios da vida, ajudando-os a encontrar o caminho mais certo e satisfatório para a realização pessoal. Conversei com gente do mundo inteiro – em lugares como Índia, África do Sul, Europa, Canadá, América do Sul, assim como Estados Unidos. Conversei com pessoas de graduação acadêmica e profissional avançada, com os da classe trabalhadora e até mesmo com indivíduos que não tinham ideia de onde viria sua próxima refeição.

Conversei com jovens, velhos, casados, divorciados e viúvos. Conversei com pessoas que levaram vidas cheias de charme e elegância, assim como com aqueles que sofreram tragédias abomináveis. E, disso tudo, aprendi uma coisinha ou duas:

1. Compreendi que a vida é uma escola. Estamos aqui para descobrir como superar circunstâncias e criar, com aquilo que nos é dado, a vida que realmente queremos.

2. Também acredito que se trabalharmos exclusivamente com o ego, o intelecto ou a emoção, nunca teremos sucesso em alcançar nossos sonhos.

Tendo observado milhares e milhares de pessoas de virtualmente cada calçada da vida, com todas as vantagens ou desvantagens, posso dizer com certeza que as únicas genuinamente bem-sucedidas, que têm paz e alegria em seus corações e extraem um grande prazer das experiências de vida, têm um jeito diferente de realizar as coisas. Em vez de confiar unicamente em seus ego – sua personalidades resguardada, insegura – e mentes intelectuais, sofrendo os assaltos que a vida lhes apresenta, voltam-se para o aspecto mais elevado de sua natureza, o Espírito interior, e deixam que ele direcione suas vidas.

Aqueles que lembram que são o Espírito Divino e amam e vivem em harmonia com seu Espírito não são necessariamente sujeitos a menos desafios do que aqueles que confiam somente em seu ego e intelecto para guiá-los. A vida é a vida. Pois a todos nós, justamente quando estamos confortáveis, aparece uma série de novos desafios ou circunstâncias às quais devemos nos adaptar – e com frequência às pressas.

Não, o Espírito interior, amoroso e vivificante, não nos impede de enfrentar as tempestades da vida. Contudo, ajuda-nos imensamente a navegar em águas traiçoeiras do modo menos penoso e com o máximo de criatividade possível. Além de nos permitir a apreciação da jornada, enquanto ela se desenrola.

O único problema é que muitos de nós estamos tão desconectados de nosso Espírito que nem mesmo sabemos que temos um para amar, quanto mais vivificar. Se não temos consciência dessa parte de nós, não podemos nutri-la e confiar nela como o mais essencial componente de nosso Eu autêntico – nossa luz guia – e, assim, permanecemos presos a um ciclo vicioso de medo e sofrimento e perdemos a alegria e o milagre criativo de viver uma existência Divina. Não é isso que nosso Criador pretendia para nós. Aquele que nos criou queria que vivêssemos vidas criativas, cheias de alegria e paz interior, como seres divinos e sagrados.

Eis por que escrevi este livro. Quero ajudá-lo a tornar-se consciente de seu maravilhoso e Divino Espírito e ensiná-lo a amar e viver sua natureza Divina – começando agora mesmo.

Conectar pessoas ao seu Espírito é minha maior paixão e alegria pessoais, e foi isso que me comprometi a fazer nos últimos 35 anos. A parte mais empolgante de minha missão e mensagem é que aprender a se amar e vivificar seu Espírito é, na verdade, bastante simples, assim que você se dá conta da verdade. E a verdade é: Você não é o ego. Você é Divino. Você é sagrado. Você é Espírito.

Assim que faz essa conexão, amando sua luz Divina interna e vivificando seu Espírito, tudo ganha vida, luz e alegria. Ame e vivifique seu Espírito e sua vida fluirá cheia de paz. Seja escravo e siga seu ego medroso, e isso não acontecerá. Realmente, é simples assim.

Os dez passos simples e necessários para realizar essa conexão e experimentar sua verdade, seu espírito autêntico encontram-se nestas páginas. Destinado a ser um ente sagrado muito dotado de alegria, paz e magia, você descobrirá que essas orientações revelarão o seu melhor, naturalmente. Podem até parecer desconcertantes de tão simples. Não deixe que isso o engane. Compartilho o que sei neste livro com confiança. Essas não são teorias metafísicas, mas práticas sólidas, testadas e verdadeiras, que o conduzirão diretamente de volta a você: o melhor, mais sagrado, mais prazeroso e satisfeito você, livre de medo e cheio de luz. Não peço que acredite em mim, apenas que tente e veja por si mesmo.

Aproveite...

SONIA CHOQUETTE

Como utilizar este livro

Esquematizei este livro em dez passos simples. Cada um é composto de duas partes. A primeira introduz uma ideia de como se amar. A segunda descreve uma atitude prática para fortalecer o amor ao Eu e a devoção ao Espírito.

No meio do livro, acrescentei um interlúdio chamado "O âmago da questão". Essa seção traz os primeiros quatro aspectos do âmago do amor-próprio – franqueza, objetividade, bom-senso e coragem – e mostra como aprofundar a capacidade de se cuidar com mais carinho. Essas lições o ajudarão a equilibrar seu coração e a reconhecer em quais aspectos do amor-próprio você é mais forte e aos quais precisa dar mais atenção.

Você pode abordar essas páginas do jeito que quiser: uma etapa de cada vez, uma semana de cada vez, um conceito de cada vez, ou uma prática de cada vez, como seu Espírito o convidar. Este livro não tem uma sequência rígida a ser seguida, mas sugere, simplesmente, os elementos necessários para libertá-lo do medo e do controle do ego, e conectá-lo com a alegria e a luz do Divino.

É meu desejo, ao escrever este livro, que você entre no maior caso de amor que jamais experimentou: um caso de amor com seu belo, divino, autêntico e sagrado Espírito. Portanto, se você está pronto, eu também estou.

Vamos começar...

Passo 1

Identifique seu Espírito

Esta etapa o apresenta a quem você realmente é: um Espírito Divino e um Filho Sagrado de Deus. O foco é distinguir seu eu falso (o ego) de seu eu verdadeiro, autêntico (o Espírito) e tem por objetivo ajudá-lo a aceitar sua natureza santa e sagrada. Essa nova percepção torna-se fundamentada na prática de respiração que acompanha a lição, que o libertará do hábito egoico de autojulgamento negativo e do medo e o acessará à leveza de coração que vem com o Espírito.

O primeiro passo perfeito para se amar e vivificar seu Espírito é reconhecer quem você realmente é. Muitos crescem acreditando ser inaceitáveis, pecadores – até mesmo desprezíveis. Com frequência, na infância, nos apontavam, de um jeito ou de outro, como maculados, incompletos e, por isso, não podíamos ser amados.

Quaisquer que sejam as razões culturais, religiosas ou psicológicas desses gestos, a aceitação da ideia de que somos indignos vem da tendência em buscar o amor do lado de fora. Fomos levamos a acreditar que somos apenas nosso ego ou personalidade, e aquilo que temos não é bom o bastante. No decorrer do caminho também nos disseram – o que parece um bilhão de vezes, de um bilhão de pessoas diferentes – que a menos que façamos aquilo que os outros querem, não merecemos ser amados... e não seremos.

Incessantemente, fomos doutrinados a ter baixa autoestima e a medir nosso valor e condição de inspirar amor pela capacidade de conquistar aprovação. Se somos bons em conquistá-la, nós nos sentimos amados e capazes de inspirar amor. Se não, sentimo-nos desamados e incapazes de inspirar amor. O problema é que ninguém pode conquistar aprovação suficiente para sentir-se amado com segurança pela vida inteira. A aprovação é muito inconstante para isso.

Buscar amor por meio do ego, de fora para dentro, é uma empreitada condenada ao fracasso. Porque o ego – que não é o Eu verdadeiro – jamais pode ser amado o bastante, e porque você nunca poderá controlar o que está fora de maneira consistente, nunca será bem-sucedido se procurar se amar dessa maneira. Além do mais, tendo trabalhado com pessoas tão intimamente durante tantos anos, eu me aventuro a sugerir que num grau intuitivo, orgânico, sabemos que esse sistema não funcionará. Bem no fundo, a maioria de nós se dá conta de que não pode encontrar amor-próprio adequado pela aprovação dos outros. Podemos somente encontrá-lo apreciando e nos valorizando de dentro, de um lugar mais profundo que o ego ou a personalidade.

O segredo é reconhecer que somos todos Espíritos Divinos – como criações belas e únicas de Deus. O Santo Deus Mãe/Pai instilou vida em nós e felicidade em nossa existência de todas as maneiras. Cabe a nós fazer o mesmo.

O amor por si começa com o conhecimento de que somos Espírito. Temos corpos. Temos personalidades. Temos históricos, histórias e experiências. Porém, não somos tudo isso – somos Espírito. Nosso corpo, ego, intelecto e personalidade são ferramentas que nosso Espírito utiliza para se expressar por meio de nosso envoltório físico. São úteis. Colorem e influenciam nossa experiência. Afetam nossa visão de mundo, nosso comportamento, nossas reações e escolhas. Tornam nossa vida interessante – porém, são implementos que o Espírito utiliza. Não são quem somos.

Digo "nosso Espírito" porque tal como existe apenas um fogo, há somente um Espírito. Tal como as chamas num fogão, num isqueiro, numa fornalha, numa churrasqueira e num incêndio florestal são, todas, expressões de um elemento, somos todos expressões únicas de um único Espírito.

Se isso é verdade, e o Divino Espírito Santo dá vida a todos nós, então isso nos leva a concluir que não existem "outros", nenhuma pessoa de fora cuja aprovação devemos buscar. Existe apenas nós. Em outras palavras, não existe outro Espírito separado de nós, a nos julgar. Somos feitos do mesmo estofo, evoluindo e aprendendo em ritmos diferentes e de diferentes maneiras, é claro, mas mesmo assim a mesma coisa.

Se olhar para si e para a vida através das lentes do ego, se sentirá isolado, sozinho, diferente, e não parte da multidão. Se olhar através das lentes do Espírito, sabendo que somos todos um, sempre se sentirá seguro, a salvo e amado.

Embora sem ter uma personalidade assim tão fora de série, um intelecto nem tão aguçado e uma figura nem tão *hollywoodiana*, você é uma bela, maravilhosa, gloriosa e milagrosa manifestação do Espírito... pois não deixa de ser um milagre quando o Espírito Santo desce e entra em seu ser na primeira respiração. O corpo é formado, porém você não existe sem essa respiração vital, essa fagulha da consciência Divina.

Você é Divino. É feito de luz, amor e bênção. Você é santificado, e seu corpo e personalidade são os zeladores de sua presença sagrada. Hospedar sua Divindade em seu ser, em seu Eu físico, é uma dádiva e deveria ser um prazer. Aceitar sua verdadeira natureza é um imenso passo inegável rumo ao amor-próprio.

Compartilhei essa ideia com uma cliente chamada Patty, alguns anos atrás. Ela era a filha única de uma mãe solteira rígida e repressiva. Crescera com um medo perpétuo da desaprovação e das críticas constantes da mãe. Durante toda a vida, disseram a ela e fizeram-na sentir que ela não valia muito. Buscando aprovação e lutando contra a praga da autodepreciação que lhe fora projetada quando criança, ela era exemplar em todos os aspectos. Era a líder da classe, a aluna nota dez, a melhor babá da vizinhança, a mais perseverante voluntária e coletora de fundos de sua igreja, e uma vizinha confiável e boa amiga de todos. Mesmo assim, não se amava. Nem mesmo gostava de si. Não conseguia nem mesmo imaginar-se fazendo isso.

Para proteger-se dos assaltos psíquicos do ego ao seu Espírito, ela ganhou peso lentamente no decorrer do tempo. Na época em que tinha 50 anos, estava com 45 quilos a mais e a contagem subia – tanto em autodepreciação e desespero como em quilos. Foi quando nos conhecemos. Ela compareceu a um workshop que eu ministrava em Chicago (onde moro), no qual sugeri que ela tratasse seu Espírito com um hóspede sagrado e querido em seu coração. A ideia cativou sua imaginação.

– Vinda do Sul – disse ela, com uma risadinha –, eu sempre me orgulhei de ser a melhor anfitriã do mundo. Mas quando se tratava de meu Espírito, eu era abominável e sabia disso. Estava na hora de mudar, mesmo que fosse apenas porque isso não era sinal de boas maneiras!

Ela aceitou o desafio de imediato e abraçou seu Espírito e começou a honrá-lo. Criou uma atmosfera calma e tranquila em seu lar. Monitorou o que dizia a respeito de si para os outros de modo que não insultasse seu Espírito. Preparou refeições saudáveis, bonitas, frescas e não se apressou em comê-las de modo que seu Espírito pudesse apreciá-las. Conversou com seu Espírito com respeito e afeição, e o agradeceu repetidas vezes por estar em seu coração, perguntando o que poderia fazer para fazê-lo sentir-se mais à vontade.

Parou de dar ouvidos aos *feedbacks* internos negativos do passado que a assombraram durante toda a vida e, em vez disso, começou a respeitar, a honrar a voz de seu Espírito.

Devagar, as coisas mudaram. A primeira mudança percebida foi que dormia melhor; e por dormir melhor, comia melhor – mais significativamente, consumindo menos açúcar para passar o dia. Comendo melhor, sentia-se melhor, e assim começou a ser mais ativa. À medida que agia assim, fazia novos amigos e perdia peso. Também parou de fumar (outra atitude anterior pouco amorosa) e arranjou um novo emprego. Um ano e meio depois, conheceu um senhor e casou-se – seu primeiro casamento aos 53 anos de idade.

Ela tem certeza de que se casou por causa de sua mudança de identidade. Quando vivia ligada a seu ego, sentia-se muito pouco digna de amor para ficar perto de alguém ou deixar alguém ficar muito perto dela. Assim que começou a cuidar de seu Espírito com respeito e carinho, ela se abriu.

No terceiro encontro com o homem, agora seu marido, ele disse:
– Eu simplesmente amo esse seu espírito.
– Eu também – ela respondeu. – Finalmente, eu também.

Assim que você decidir reconhecer seu Espírito, o próximo passo é vivificá-lo. Fazer isso é honrar e respeitar seu mais autêntico Eu Divino, lembrando-se de quem você realmente é e expressando isso ao mundo. Vivificar seu Espírito é elevar-se acima do sofrimento e da confusão do ego humano e viajar pela vida como o Ser Divino que você está destinado a ser. Essa é sua verdadeira identidade – esse é seu objetivo... esse é o plano Divino. Esse é o único caminho.

Albert Einstein disse isso de uma forma magistral: "A mente intuitiva é uma dádiva sagrada e a mente racional, sua serva fiel. Criamos uma sociedade que honra o servo e se esqueceu da dádiva".

É por isso que fracassamos em ter sucesso pelo ego. É por isso que a vida, para muitos, é um drama e uma luta incessantes – porque seguimos nosso guia inferior, defensivo, impreciso, parcamente informado, confuso, facilmente intimidado, egocêntrico e medroso.

Além do mais, não importa como você mime seu ego (o que ele adora, a propósito), ele nunca será nada além de: um ditador dissimulado, confuso, defensivo, inseguro, carente, exigente, que, basicamente, o fará refém e roubará sua alegria e sua paz.

Vivificar seu Espírito é simples: tudo que você deve fazer é desatrelar-se de seu ego e seguir seu coração. Ao adotar certos exercícios diários simples, porém expressões honestas de você – tais como ouvir sua voz interior, ser flexível e mudar de direção, se for chamado a fazê-lo, mantendo seu coração aberto, e rindo durante o dia –, elevará naturalmente a frequência energética de seu Espírito acima da do seu ego. Quanto mais ressoar com a frequência ou vibração do Espírito, mais forte se torna a conexão. E quanto mais forte ela se torna, mais clara a direção que seu Espírito imprime à sua vida.

Quando começar a vivificar seu Espírito, a primeira coisa que você sentirá é a presença dele em seu coração. Transmite uma verdadeira sensação energética. Para alguns, é uma sutil palpitação; para outros, um zumbido quente, intenso. Para outros, ainda, passa a sensação de alívio, como se uma peça perdida do quebra-cabeças fosse encontrada. Soa, também, como um "tinido", um "clique" ou um "sino" de verdade. Qualquer que seja o caso, no momento em que elevar sua vibração o suficiente para conectar-se com seu Espírito, você se sentirá verdadeiro, genuíno, autêntico, inteiro e satisfeito. A inquietação oca dentro de você se aquieta. O vazio se enche e, fisicamente, você começa a relaxar e desfrutar a vida.

À medida que você fortalece essa conexão com o Espírito, você experimentará mudanças ainda mais singulares:

- Seu interior sossegará; você se tornará mais relaxado.

- Suas defesas cairão e seu coração se abrirá.

- Sua respiração se aprofundará e a tensão em seu corpo se esvairá.

Isso acontece porque, conforme retorna à integridade, você começa a sentir-se seguro. Por não mais se sentir culpado pela orientação errada, ou fugindo de medo com o rabo entre as pernas, cada célula de seu corpo, cada músculo, cada ligamento começa a se acalmar. E porque o Espírito é a força vital, você também se sentirá mais vigoroso, otimista, e cheio de vida.

Burt tinha só 63 anos, mas, devido ao medo e à ansiedade que seu ego o fazia passar, sentia-se e agia como alguém muito mais velho. Quando foi me ver, estava atribulado com artrite, dor nas costas e depressão. Via um terapeuta uma vez por semana e tomava antidepressivos e medicamentos para dor e, mesmo assim, mal conseguia se locomover livremente, mesmo com vontade de fazê-lo. Passava a maior parte do tempo sozinho em casa, sentindo-se não amado e triste. A filha dele sugeriu uma sessão comigo como último recurso para ajudá-lo a reencontrar-se com a vida. Ele concordou.

– Sei realmente que não há nada de errado comigo – ele admitiu. – Ou, pelo menos, nada que não possa ser consertado. Só não sei para que viver, se eu melhorar. Sinto-me tão infeliz e irrealizado o tempo inteiro, e não sei como me livrar desse sentimento. Sinto como se eu fosse um fracasso.

Eu o encorajei a continuar o trabalho com seus médicos, mas, além disso, dar consideração a seu Espírito e começar a amá-lo e a segui-lo. Essa era uma ideia nova para ele.

– Hum... – ele ponderou. – Meu Espírito, você diz? Acredito que nos separamos a muito tempo atrás.

– Por quê? –perguntei.

– Não sei – ele retrucou. – Acredito que parecia mais fácil ignorá-lo que tentar segui-lo... acredito ser tarde demais, eu suponho.

– E se você pudesse reverter essa ideia agora e expressar seu Espírito afinal, o que faria? – indaguei.

– Pegaria meu violão, escreveria algumas canções e cantaria um pouco – ele respondeu sem hesitação, como se já contemplasse a ideia. – Porém, por outro lado, estou muito velho para isso – continuou.

– Talvez – respondi. – Mas, por outro lado, pode ser a fonte da juventude e trazer a vitalidade de volta a seus ossos. Alguma vez pensou nisso?

Quando ouviu isso, Burt fez uma careta, mas eu poderia afirmar que ele escutava com atenção, independentemente disso. Ficou quieto por um longo tempo e então disse:

– Talvez esteja certo. Parece o certo. – Levantou-se, esticou-se e anunciou: – Consegui o que precisava ouvir. Muito obrigado.

– Então, foi embora.

Seis meses depois, recebi um pacote pelo correio, mandado por Burt. Nele havia uma carta que dizia:

"Ainda tenho uma pequena dor nas costas de vez em quando, mas não estou mais deprimido e ando um pouco. A propósito, pensei que gostaria de ouvir algumas canções que escrevi. Em vez de viver triste, comecei a cantar a tristeza em forma de blues, como sugeriu, e devo admitir que me sinto muito melhor agora. Assim sendo, obrigado."

Quanto mais você se conecta ao seu Espírito, menos ficará hipnotizado pelo contínuo diálogo medroso de seu ego e começará a ouvir mais profundamente a canção da vida. Se tornará mais capaz de escutar e absorver realmente as mensagens dos outros e do mundo ao seu redor. Não ouvirá apenas o conteúdo; começará a registrar a intenção da comunicação também.

À medida que fortalecer seu relacionamento com seu Espírito, o tagarelar mental de seu ego se aquietará. Os diálogos cheios de suspeitas, de inseguranças, de segundas intenções, defensivos, e as reflexões sobre seu passado malsucedido começarão a decrescer. Com essa quietude recém-encontrada, sua atenção será atraída para o som, a sensação e a vibração de sua voz interna. Você começará a ouvir a orientação que vem dela. Muito parecido ao GPS (Sistema de Posicionamento Global, na sigla em inglês) num carro, que pode guiá-lo com eficiência do ponto A para o ponto B, seu radar interno será acionado e começará a dirigi-lo rumo a seus objetivos mais profundos.

Meu cliente Joseph conectou-se com seu Espírito e descobriu que tudo se encaixou. Como filho único, Joseph sentia-se obrigado a trabalhar no negócio de administração de imóveis de seu pai. Por mais de 15 anos ele gerenciou apartamentos em vez de seguir seu sonho secreto de tornar-se um *chef*. O medo da insegurança financeira e de desapontar seu pai fez que ele abandonasse seu Espírito e ficasse preso a uma rotina de controle do ego. Um dia, depois de sentir-se insuportavelmente frustrado com sua vida medíocre, ele matriculou-se espontaneamente numa escola de culinária à noite. No mesmo instante, seu Espírito o recompensou: logo na primeira semana ele conheceu uma mulher maravilhosamente positiva que o fez rir, encorajou-o na profissão e apaixonou-se por ele. Com a ajuda dela, Joseph retornou ao seu Eu autêntico.

Enquanto estava na escola, conheceu também outro aluno frustrado que queria igualmente mudar o curso da vida. Quando o primeiro ano terminou, os dois resolveram explorar a ideia de abrir um restaurante juntos. Nem bem Joseph tomou essa decisão, seu pai anunciou que se aposentaria e perguntou a Joseph se queria continuar com o negócio ou sair. Apavorado de desapontar o pai, mais apavorado ainda de se desapontar, Joseph finalmente admitiu que queria sair do negócio e abrir seu próprio restaurante.

Ficou espantado com a reação de seu pai. Não apenas ele lhe deu apoio, mas disse que estava disposto a investir no negócio e ajudá-los a encontrar um local. Assim que Joseph resolveu vivificar seu Espírito, foi como se, por magia, seu pai embarcasse no mesmo barco também.

É como isso funciona: assim que você escolhe amar-se e alinhar-se com seu Espírito, a vida se alinha com você. Os obstáculos cedem espaço a aberturas e as disputas transformam-se em apoio.

Você começa a experimentar aquilo a que me refiro como "pegar onda". Outros chamam de "integrar-se à corrente" ou, a minha favorita, "entrar em estado de graça". Qualquer que seja a maneira de nomeá-lo, é uma sensação ótima. Você não precisará mais ficar agoniado, nem tentará controlar a vida. Apenas se destacará, e a vida o arrastará para experiências cada vez mais excelentes.

Parece incrível, não é? Bem, como alguém que vive assim, posso lhe assegurar que é desse jeito mesmo. Novamente, afirmo, não é difícil. Tudo que é preciso é a escolha de viver como um Ser Divino e seguir seu Espírito, em vez de viver como um ser vinculado ao ego, seguindo os medos. Só a decisão é difícil. Assim que a tomar, o resto se torna cada vez mais e mais fácil.

Exercício simples: Respirar

Respirar é essencial para vivificar e amar seu Espírito. Na verdade, sua respiração é seu Espírito. O ar que você inspira lhe dá vida. Respirar profundamente é reivindicar seu Espírito e trazê-lo para dentro de cada célula de seu corpo.

Uma das primeiras coisas que ocorre quando você se desconecta de seu Espírito e se lança ao drama e à confusão do falso eu é que você para de respirar profundamente. Começa a respirar raso e, por vezes, até mesmo a segurar por completo a respiração. Quando seu corpo não obtém oxigênio adequado, encerra-se mais e mais nas profundezas do medo e da ansiedade, criando, por isso, um círculo vicioso de negatividade. Portanto, para amar seu Espírito – para vivificar seu Espírito – você precisa respirar.

Existem várias maneiras de alinhar instantaneamente ao seu Espírito Divino e elevar sua vibração:

1. Uma delas é inspirar profundamente pelo nariz e depois abrir a boca, relaxar o fundo da garganta e soltar um som de "Ahh" ao exalar. Pratique várias vezes agora mesmo e perceba a mudança em sua vibração. Ao fazer isso, coloque a mão sobre o coração e sinta a vibração ao soltar a respiração. Esse tipo de respiração não é incomum – todos a fazemos de maneira natural. É chamada de "suspiro". Quando suspiramos, abandonamos nossas cabeças e nosso falso eu e nos reconectamos ao Espírito. É um reflexo natural para nos manter fiéis ao nosso Eu Superior. Respirar dessa maneira nos liberta imediatamente dos círculos viciosos de pensamento negativos do ego, baseados no medo, e nos estabiliza numa vibração mais alta, amorosa e autêntica. É uma técnica de amor-próprio, autoafirmativa, que recomendo quantas vezes for possível durante o dia todo.

Refiro-me, rindo, a essa técnica de respiração como uma ferramenta "chave da cadeia" de autodesvelo, pois nos liberta imediatamente da prisão de nossos vícios e sofrimentos mentais. Quanto mais profundamente respiramos, mais esclarecidos e calmos nos tornamos.

Certa vez, um médico me disse que uma pessoa não pode respirar profundamente e preocupar-se ao mesmo tempo – é impossível em termos biológicos. Uma respiração profunda interrompe e dissipa as ondas de preocupação. Não posso afirmar com certeza se isso é uma verdade universal, mas posso dizer que é verdade para mim. Quando respiro pelo nariz e lentamente expiro pela boca com um "Ahh...", não consigo me sentir ansiosa em relação a nada. Só consigo sentir o relaxamento aliviando a tensão, e o alívio é ótimo! Tente e veja se consegue preocupar-se e respirar ao mesmo tempo. Claro, pode preocupar-se entre as respirações, se quiser. Contudo, se respirar com persistência, até mesmo isso (o preocupar-se) torna-se cada vez mais difícil de fazer.

2. Outra técnica de respiração que acalma a mente e eleva a vibração instantaneamente à frequência do Espírito é chamada "Respiração de fogo". Esse exercício é útil quando a mente se vê tão envolvida num emaranhado de preocupações que você parece não conseguir livrar-se ou conectar-se com seu Espírito, não importa o que faça. Fique em pé com as pernas ligeiramente separadas, dobre um pouco os joelhos e, então, inspire o mais profundamente que puder e dê uma pancada rápida em seu peito com o punho fechado na região do coração, soltando um "Ha!" alto e ressoante. Para obter os melhores resultados, certifique-se de que está à vontade para soltar o berro mais alto que puder ao bater no coração. O "Ha!" equivale ao apito do salva-vidas alertando: "Todo mundo para fora da água agora!". Em termos energéticos, quebra e dissipa todas as frequências negativas que se apossaram de você e restabelece a vibração com sua autêntica frequência Divina. Essa técnica de respiração pode ser um pouco espantosa para você e para alguém que estiver por perto. É essa a questão. Assusta sua mente, afrouxando-a, e chama seu Espírito para dentro de seu corpo. Atua como um botão de reiniciar em seus padrões energéticos. Depois que você inspira, bate no peito e expele um enfático "Ha!", respire lentamente e escute. Em seu coração, ouvirá um belo e glorioso silêncio – a paz e a quietude da mente Divina. Esse exercício, feito de duas a três vezes ao dia, limpa sua energia de toda negatividade e tranquiliza o cérebro. Chuta seu ego para longe do banco do motorista e coloca seu Espírito de volta ao controle.

3. Outra sugestão de respiração, principalmente quando sob estresse, é esta: pare o que está fazendo e tire um "respiro" – literalmente, faça uma pausa para respirar profundamente por cinco minutos e realinhar sua consciência com seu Espírito. Respiros não são indulgências desnecessárias. De certa forma, são intervalos essenciais de bem-querer por si mesmo de que todos precisamos no decorrer do dia. O mundo inteiro seria muito melhor se todos fizessem um pouco mais dessas pausas. O respiro que tomamos nos conecta à totalidade da vida. Nós todos a compartilhamos; por isso, estamos todos interconectados. Tomar um respiro não é apenas uma opção de enorme autoapreciação mas também uma opção amorosa para a raça humana como um todo. Cada um de nós que se alinha com a vibração do Espírito influencia aqueles ao redor para que façam o mesmo. É contagioso – de um jeito bom.

4. Finalmente, tente "compartilhar uma respiração". Isto é, respirar em sintonia e ao mesmo tempo que o outro... entrando, se possível, num padrão comum de respiração por vários minutos. A respiração é nosso elo, o grande equalizador Divino. Quando compartilhamos a respiração com o outro, removemos automaticamente quaisquer obstáculos, barreiras, temores e julgamentos que há entre nós. É impossível sentir-se ameaçado, inseguro, indigno ou desconectado quando se respira em uníssono. Essa ferramenta não muda, necessariamente, o que sente em relação a outro num nível mental. Sua mente pode ainda agarrar-se a ressentimentos, julgamentos e sentimentos negativos. Contudo, se você respirar em uníssono com alguém, a vibração entre vocês começa a se harmonizar e ressoar numa frequência mais alta. Isso suaviza seu coração e o leva até a mente Divina, onde não há lugar para conflito. Eu mesma, recentemente, encontrei-me numa situação em que precisei compartilhar respiração com outra pessoa para encontrar paz. Fico feliz em dizer que funciona mesmo.

Nossa família estava de férias em Paris, onde aluguei um apartamento por uma semana durante o verão. Era uma viagem com a qual sonhava, planejava e ansiava por mais de um ano. Pouco antes de partirmos, minha filha mais nova, Sabrina, perguntou-me se dois de seus novos amigos poderiam ficar conosco por dois dias em nosso apartamento, enquanto viajavam como mochileiros pela Europa.

Recordando-me dos velhos tempos de andança, de mochila nas costas, e de como ficava agradecida por qualquer gentileza quando jovem viajante, concordei prontamente e disse que poderiam dormir nos sofás. Na verdade, pensei que a presença deles contribuiria para o clima de festa. A visita, contudo, foi cheia de surpresas.

Primeiro, os dois apareceram mais cedo que o planejado, no meio da noite do primeiro dia em que chegamos. A segunda surpresa foi maior: planejavam ficar por seis noites, não as duas com as quais eu concordara – em outras palavras, pelas férias inteiras. Novamente, isso precisou de um ajuste mental, porém eu estava disposta a levar tudo numa boa. Afinal, minhas filhas gostavam da companhia e se divertiam, o que era minha intenção para as férias.

Então, os desafios começaram. Nenhum dos hóspedes tinha dinheiro, portanto comiam conosco todo dia – café da manhã, almoço e jantar. Nem mesmo isso me aborreceu, porque tínhamos bastante para compartilhar. O que me aborreceu mesmo, contudo, foram os modos de um dos viajantes. O rapaz era amistoso, agradável, prestativo e sentíamos alegria que estivesse por perto. Entretanto, sua companheira, o oposto dele, era pouco prestativa, largava a própria bagunça para trás e nunca se oferecia para ajudar no preparo das refeições ou para lavar a louça depois, embora todos fizessem disso uma iniciativa conjunta o tempo todo. Comia nossa comida; bebia nosso vinho; monopolizava o único computador na casa; espalhava suas coisas por toda a sala; e fumava como uma chaminé na sacada, deixando montes e montes de pontas de cigarro nos vários cinzeiros para os outros esvaziarem. Isso, apesar de meus repetidos pedidos – a princípio gentis, depois cada vez mais firmes – de que compartilhasse das despesas, ajudasse, limpasse e fosse uma boa hóspede.

Desnecessário dizer, depois de três dias, que minha mente entrou em sobrecarga de indignação. Como ela ousava embarcar em minhas férias, servir-se de minhas coisas, deixar que eu limpasse sua bagunça e não mostrar absolutamente nenhuma preocupação por isso? Meu ressentimento cresceu como uma nuvem cinzenta escura de poluição e começou a me roubar todo e qualquer prazer de estar em férias. Fiquei tão consumida por uma justa vitimação que me senti miserável além da conta. Podia jurar que ela sabia que era detestável, mas não se importava. E pediria que fosse embora, porém minhas filhas protestaram, já que gostavam muito do outro hóspede e os dois formavam um casal. Meu

29

único recurso foi abandonar minha mente e voltar para o Espírito Divino. Mas como, já que meu ego não conseguia suportar ficar na presença dela? Então, uma noite, tive um estalo. Havia um show engraçado em inglês na televisão que atraiu todos nós para diante do aparelho. Ficamos sentados lá, na mesma sala, assistindo ao show, tranquilos, quando, de repente, resolvi compartilhar uma respiração com ela por algum tempo.

Ao fazer isso, a primeira coisa que percebi foi que ela não respirava muito profundamente, o que me deixou consciente de como tinha medo, não com relação a nós, mas em relação à vida em geral. Conforme continuei a respirar com ela, também percebi o quanto alguém se tornara alienada com tão pouca oxigenação. Entre o respirar raso e os cigarros, ela, muito provavelmente, estava absolutamente inconsciente do ambiente que a cercava. Não era de admirar que contribuísse tão pouco – não via o suficiente para oferecer. Também percebi em que caos estava seu cérebro egoico. A respiração rasa e curta cria turbulência no corpo. Com tamanho caos interno, isso simplesmente se irradiava em todo seu entorno. E explicava por que ela era um tamanho chiqueiro.

Na hora em que o show acabou, respirar com ela me devolvera à minha mente Divina. Meu coração abriu-se para a jovem, e eu me dei conta de que era uma moça corajosa para criar essa aventura para si mesma e, embora fosse uma hóspede horrível, isso só acontecia porque ela tentava lidar com seus próprios medos. Olhei para ela e soltei um calmo "Ahh" e bati em meu peito. Então, surpreendi a todos gritando: "Ha!". Isso me arrancou do sortilégio negativo sob o qual me encontrava e elevou meu Espírito. Em seguida, dei-lhe um abraço espontâneo, que ela não entendeu.

O casal foi embora na manhã seguinte, dois dias mais cedo.

Passo 2

Acolha com prazer seu Espírito

Este passo pede a você que acolha com prazer seu Espírito e o convide a entrar plenamente em sua vida. O exercício que se segue o orienta a criar um lar amoroso e receptivo para ele em seu corpo. Com essa nova percepção, você encarará seu eu físico como um aliado fiel e amigo e ficar satisfeito em estar embasado em sua própria pele.

Superar-se – superar seu falso ego – é o primeiro passo para viver uma vida abençoada, cheia de encantos e de paz. Porém, isso não basta. Assim que você desconectar-se de seu falso eu, o ego, é importante conectar-se ativamente com seu eu autêntico, Divino – seu Espírito.

Comece por aceitar que você tem uma bela, abençoada, maravilhosa e santificada força que vive no centro de seu coração e que lhe dá vida: uma chama brilhante do amor Divino. É uma força que todos temos, todos compartilhamos, e da qual todos dependemos para a existência. Em outras palavras, essa fagulha santa de vida é a essência do eu autêntico como um Ser Divino. Enquanto seu ego é finito e morre com seu corpo, seu Espírito é infinito e vive sem limitações físicas. Seu Espírito, após a morte, retorna simplesmente ao grande Criador, o Santo Deus Mãe/Pai, e retorna à luz de que é feito.

Acontece um milagre quando você para de acreditar que é seu eu e começa a conectar-se com seu Espírito – quando para de controlar e ter medo da vida e começa a desfrutá-la. Isso acontece porque, quando está em Espírito, você se alinha com a mente Divina. Torna-se uno com Deus. E como minha mãe sempre disse:

– Quando Deus está com você, ninguém é contra você, porque nada é maior que Deus.

Outra razão pela qual a vida se torna instantaneamente melhor quando se conecta ao seu eu autêntico, o Espírito Divino interno, é que você se junta com tudo mais que é Divino, como a beleza, a harmonia e, o maior de todos os desejos, a paz. Na mente Divina, não existe guerra, doença, pobreza, hostilidade, insegurança, medo, raiva ou qualquer outra coisa em que a mente está tão viciada ou aquilo que o machuca. Em vez disso, tudo é tranquilo o tempo inteiro.

Para mesclar-se à mente Divina, identifique-se com o santificado e sagrado Espírito que você é. Claro, sua mente zombará dessa ideia, dizendo: "Quem pensa que é?" ou "Isso é ridículo". Não quer que você saiba que é Espírito – não deixará que isso aconteça sem uma briga – porque, assim que reconhecer o que você é, ela perde poder. Reivindicar seu Espírito desaloja automaticamente seu ego e o expulsa da tarefa de administrar (e arruinar) sua vida. Natural que ele não queira que isso aconteça.

O paradoxo, no entanto, é que quando sua mente é desalojada por seu Espírito, você relaxa e começa a aproveitar a vida, porque está em seu lugar natural de direito mais uma vez: seguindo e apoiando seu Espírito, não lutando contra ele.

Tempos atrás, quando eu tinha por volta de dez anos, um cavalheiro foi à nossa casa para conversar com minha mãe, que era uma artista e pintora de retratos. Tomando por base sua reputação, ele lhe perguntou se ela estaria disposta a pintar um retrato da família de um famoso guru da Índia que estava em visita ao país na ocasião. Antes que ela concordasse, ele disse à minha mãe que ela precisaria preparar-se porque a presença do guru era muito santificada e, para recebê-lo, ela e todos nós precisaríamos entrar na vibração elevada correta. Ao verificar as vibrações da família, ele nos deu uma aprovação básica, mas disse que precisávamos nos preparar, independentemente disso.

Pediram para que limpássemos a casa, usássemos incenso especial, rezássemos, nos vestíssemos com as melhores roupas e servíssemos chás especiais e frutas. Depois de aprontarmos tudo, perguntei a minha mãe, ressentida, se tudo aquilo era realmente necessário. Por que ele era tão importante? Ela me disse que era necessário, porém não pelas razões que eu imaginava. Explicou que não era tanto por ele ser especial ou santo ou mais importante que nós em algo – era apenas porque não podia se esquecer do quanto era santificado, de que era um filho de Deus, e que, por isso, tratava-se com o amor e o respeito que todos nós merecemos. Servia de modelo para que nós também nos lembrássemos de que todos somos santos e merecemos o mais alto grau de reverência porque o Espírito de cada um de nós é digno disso.

Enfatizou a necessidade de estarmos atentos ao nosso Espírito e à sua santidade, mas para não confundirmos o Espírito com o ego.

– Como sabe a diferença? – indaguei. – Como pode dizer? Parece fácil de fazer confusão.

– Não é difícil distinguir o ego do Espírito – ela respondeu.

– Quando está conectada ao Espírito, você se sente como se fosse parte da vida e seu coração se abre para todos. Quando está amarrada ao seu ego, contudo, você quer se afastar.

Separa-se dos outros. Adota uma atitude de "eu contra você" e fecha seu coração.

"Um jeito mais fácil de distinguir o ego do Espírito é analisar suas vibrações. Quando você se conecta ao seu Espírito, sente vibrações boas, positivas, autoafetuosas. Quando se conecta ao seu ego, sente vibrações de irritabilidade, de críticas, de depressão e de cansaço. Simples!"

Nossa conversa causou uma forte impressão em mim. Deveríamos todos tratar nosso Espírito como um hóspede santo e tratá-lo com a mesma atenção e cuidado com que recebemos um visitante especial.

Imagine seu Espírito como um hóspede sagrado estabelecendo residência em sua vida. Se esse fosse o caso, como prepararia sua recepção?

Imagine-se fazendo coisas para seu Espírito que faria para alguém que amasse, até mesmo adorasse: convide-o para entrar num espaço calmo em seu corpo. Relaxe e acolha-o com seu sorriso mais encantador e uma atitude de boas-vindas. Faça-o se sentir em casa. Imagine-se falando com seu Espírito com ternura, afeição... até mesmo reverência, já que é uma essência santificada.

Seu Espírito é uma parte sagrada e santificada de sua vida. É, portanto, necessário que você se prepare para hospedá-lo com plena capacidade. Isso significa criar um lar amoroso e sólido para seu Espírito morar, tomando cuidado com seu corpo. Assim como você não gostaria que uma visita importante chegasse em sua casa e tudo estivesse uma bagunça, caótico, ou virulento, também não haveria de impor esse tipo de desrespeito e desordem ao seu Espírito.

Dê ao seu Espírito um lar saudável e feliz para morar. Isso significa, entre outras coisas, oferecer-lhe um corpo que seja adequadamente alimentado, bem descansado, um tanto exercitado, limpo e apreciado. Isso é bem mais convidativo que um corpo empanturrado de comidas nocivas ou absolutamente esfaimado; ou que esteja exausto, cheio de substâncias tóxicas, letárgico e ignorado. Na verdade, se o ambiente de nosso corpo se torna muito insalubre, o Espírito vai embora, porque a vibração é muito baixa. Ele, literalmente, "pula fora" do eu físico, procurando escapar do desastre e da dissonância interna.

Se o Espírito de uma pessoa partir de seu corpo, nada mais deixa além de um ego medroso e controlador que passa a dirigir o show. Se o Espírito demitiu-se, você não verá nenhuma luz nos olhos do indivíduo – nenhuma fagulha, nenhum fogo e nenhuma luminescência. Quando olhar dentro deles, só perceberá um vazio embotado, como se ninguém estivesse em casa.

Infelizmente, a negligência não é a única razão pela qual o Espírito sai do corpo. Trauma, abuso, maus-tratos físicos, ódio por si mesmo, raiva extrema ou medo também podem desalojá-lo. Felizmente, quando o Espírito sai, não vai muito longe – simplesmente se move para fora do corpo físico, mas, mesmo assim, permanece conectado pelo que os metafísicos chamam de cordão prateado acima dele. O Espírito continua energeticamente conectado a você, mas não está incorporado. Isso deixa você fraco e facilmente influenciado por vibrações mais baixas.

Não se preocupe se sentir que o seu Espírito deixou seu corpo. Isso pode acontecer com qualquer um dos nós de vez em quando, se não estivermos cientes e amorosos com ele. Ele parte devido à longa exposição à intensa vibração negativa, como quando você se empenha numa discussão zangada com outra pessoa, quando abusa de drogas ou álcool, ou quando sofre ou perpetra violência severa. Seu Espírito também vai embora se você estiver num caminho que não é bom para você, o que aconteceu com um de meus clientes.

Uma moça foi me procurar para uma consulta, não muito tempo atrás. Quando olhei em seus olhos, era evidente que seu Espírito não estava em casa. Eram olhos embotados, sua energia estava baixa, e não havia uma pitada de entusiasmo ou alegria em seu ser. Ela detestava seu trabalho como orientadora psicológica numa escola de primeiro grau para adolescentes de comportamento desafiador, e queria demitir-se havia dois anos. Contudo, o medo de ficar sem renda a manteve no trabalho, dia após dia – pelo menos, mantinha seu corpo indo. Seu Espírito fora embora e não estava envolvido, de modo algum, nessa decisão, apenas seu ego.

Quando eu sugeri que ela pedisse demissão e seguisse seu Espírito para onde ele queria ir, que era trabalhar como guia intuitivo e orientadora, seu ego imediatamente rejeitou a ideia, dizendo que, se ela fizesse isso, não teria sucesso. Ela não se dera conta de que, sem seu Espírito, já não sobrevivia bem, além disso, nem proporcionava o bem às crianças da escola – um fato que apontei a ela. A vibração do quadro como um todo não era boa, e ela sofria, porque continuava contra o núcleo de seu Espírito.

Ao me ouvir, minha cliente precisou admitir que a vibração do trabalho lhe envenenara. Nunca sentiu-se confortável, jamais gostara de estar lá. Na verdade, disse que odiava aquilo, um sinal evidente de que seu Espírito a abandonara. O Espírito jamais "odeia" algo, só o ego controlador o faz.

À medida que conversávamos, ela começou realmente a cogitar a ideia de pedir demissão e trabalhar numa livraria espiritual, como vendedora e orientadora. Só de pensar nessa possibilidade, atraiu seu Espírito de volta.

Seus olhos se iluminaram, seu sorriso retornou, e ela suspirou de alívio.

Não fui a única que observei. Ela sentiu isso também.

– Oh, minha nossa! – exclamou. – Seria tão maravilhoso... já me sinto melhor só de pensar nisso.

Evidentemente, ela começou a honrar a necessidade de seu Espírito de estar numa vibração melhor do aquela que experimentava em seu trabalho na escola, porque eu soube que realmente pediu demissão e passou a dar aulas e a fazer aconselhamento espiritual por intermédio da livraria, tal como havíamos conversado.

No instante em que você resolve dar as boas-vindas a seu Espírito – prestar atenção amorosa nele; dar-lhe prioridade; tratá-lo como um hóspede santificado e sagrado em seu coração; e honrá-lo e colocá-lo numa atmosfera positiva –, você eleva a vibração de seu corpo e o arrebata de volta, na hora. Sem problemas.

Lembre-se: tudo no Universo caracteriza-se por vibração, no final das contas, que é ou positiva, gentil, amorosa, apreciativa, respeitosa, harmoniosa e afirmativa da vida (a frequência da mente de Deus), ou dissonante, negativa, desmoralizante, causadora de sentimento de culpa, julgadora, crítica, hostil e destruidora da vida (a frequência da mente).

Ser crítico, hostil e humilhante para com o eu autêntico é o equivalente a dirigir insultos e jogar lixo em seu hóspede santificado em visita. É destruidor da vida e patentemente inaceitável para com seu Espírito. Você não trataria dessa maneira um hóspede convidado à sua casa; então, por que haveria de fazer isso ao seu Espírito Divino?

Você entendeu meu ponto de vista. Portanto, não se ataque mais, porque é doloroso para seu Espírito. Em vez disso, dê-lhe as boas-vindas, abrace-o, honre-o plenamente. É um hóspede sagrado habitando seu coração. Quanto mais o tratar assim, mais bela sua vida se tornará.

Exercício simples: Ame seu corpo

É provável que o que menos amamos em nós seja nosso corpo físico. Todos, e eu quero dizer todos mesmo, somos bombardeados com ideias malucas sobre o que seria um corpo físico atraente; e ninguém, e quero dizer ninguém mesmo, tem esse corpo. Isso porque "esse corpo" – o corpo externamente perfeito, maravilhoso, esguio, forte, sexy e sem defeitos – não é um corpo humano. É uma ficção da mídia e não existe... não entre seres humanos. E mesmo que pareça existir, caso de alguns astros e estrelas de Hollywood, ou não é por muito tempo (corpos mudam com a idade) ou vem com uma tamanha carga de medo, controle, obsessão e vício que embora o exterior possa temporariamente parecer deslumbrante, o interior é, geralmente, um desastre.

Nossa obsessão com nosso corpo está enraizada na noção de que, se parecemos bem (seja lá o que isso queira dizer), temos mais chances de ser amados e nos sentir seguros. O problema com essa noção é duplo:

1. Sentir que somos amados dessa maneira tem por base conquistar a aprovação de outra pessoa, e sabemos que o ego nunca obtém aprovação o bastante; e

2. a noção de belo é muito subjetiva e mutável, portanto nunca chegaremos ao "certo", mesmo se tentarmos.

Por exemplo, um ano o *look* é ter longos cabelos lisos; no seguinte, cabelos curtos cacheados. Um ano é ser magro como um "viciado chique em heroína"; no outro, é ser musculoso e flexível. Numa temporada, os homens precisam exibir barba para serem considerados "legais" ou aceitáveis; na próxima, devem estar bem barbeados com cabelos na altura do ombro. E isso apenas no mundo ocidental. Acabei de ler um artigo sobre como a obesidade mórbida em mulheres jovens é considerada beleza suprema entre os homens na Mauritânia, e assim as garotas são engordadas como gansos, forçadas a comer para serem atraentes como noivas. Algumas são tão gordas que não conseguem nem mesmo andar, e mesmo assim são consideradas pérolas de grande preço por lá.

Esse padrão de beleza é ridículo – para não dizer absolutamente ignorante – e é abusivo para com essas mulheres. Endossar uma coisa dessas é insanidade... mas não menos prejudicial ou absurdo é fazer ioga em salas fechadas num calor de 60 graus e com o estômago vazio. Você não pensa, em nome do amor-próprio, que é hora de parar e perguntar – principalmente quando se trata de nossos corpos: "Que diabo fazemos – e por quê?".

Se realmente acreditamos que ter uma imagem fisicamente planejada é o segredo para o amor-próprio, estamos desconectados por completo de nosso Espírito. No decorrer dos anos, aconselhei inúmeras atrizes e modelos, todas consideradas maravilhosas. Sob seus corpos perfeitamente penteados, manicurados, livres de celulite, com barriguinha de tanquinho de aço, estão algumas das pessoas mais infelizes, obcecadas pelo ego, miseravelmente autodepreciativas que já encontrei – vazias do Espírito. Suas vidas foram reduzidas a academias, salões de beleza e espelhos; e existe espaço para pouca coisa mais. É triste e enfadonho e dispendiosamente aflitivo! E não o amor-próprio, absolutamente... É controle do ego, e o controle é reforçado pela opinião popular, que está enraizada no medo absoluto, no terror da rejeição e na angústia. Assim sendo, que tipo de recompensa é essa?

Independentemente de como parecemos, como nos sentimos em nossa própria pele é o que interessa. E até que consideremos nossos corpos amigos e servos mais fiéis e devotados – reconhecendo-os como criações sagradas e santificadas, como nosso Espírito –, não nos sentiremos bem ou mesmo em paz.

Trate seu corpo como seu amigo, porque é o que ele é: ele o serve incansavelmente – apesar de sua atitude com relação a ele – e permite que você sirva seu Espírito e leve sua vida com amor. É um vaso milagroso que aguenta muitos de maus-tratos, embora continue trabalhando para você todo dia.

Para amar-se, você precisa também amar seu corpo – vem com o pacote. Não importa o tipo de corpo que tem, é o único, portanto você vive com ele quer queira quer não. Perceba como seu eu físico é importante para a jornada de sua vida – não pela aprovação que conquista dos outros, mas pelo serviço que proporciona ao seu Espírito. É seu meio de experimentar a vida. Como um carro que o carrega do ponto A para o ponto B, é o meio de transporte na Terra e trabalhará melhor para você se o tratar com um pouco de respeito e carinho.

Há muitas razões ditadas pelo bom-senso para amar seu corpo, encimadas pelo fato de, que se você não o fizer, mais cedo ou mais tarde, a negligência e a rejeição voltarão para assombrá-lo na forma de doença, fadiga, depressão ou algum tipo de sofrimento. Assim sendo, antes de tudo é uma opção prática ser amigo de seu corpo. E o jeito mais fácil de começar é apreciá-lo de dentro para fora. Pare de ficar obcecado ou preocupado com sua imagem (porque, afinal, a menos que você esteja em frente de um espelho, é impossível inspecioná-lo) e pare para prestar atenção em como ele se sente. Preste atenção, principalmente ao que o faz sentir-se melhor.

Palavras gentis o farão sentir-se melhor. O corpo é um vaso sensível, vibratoriamente responsivo. Palavras gentis têm um efeito físico muito positivo em você, enquanto críticas ríspidas – vocalizadas ou internalizadas – têm um impacto estressante. Portanto, fale consigo de um jeito amoroso.

Anos atrás, quando minha filha Sabrina tinha apenas quatro anos, meu marido, Patrick, perdeu a paciência com ela porque era pouco cooperativa, e a repreendeu com algumas palavras ásperas. Espantada, ela parou e assimilou o que ele disse, ficando calada por um instante. Por fim, retrucou:

– Papai, isso não é jeito de falar com meu Espírito, e minha barriga fica ruim quando você fala assim! Diga que sente muito, pra minha barriga ficar melhor.

Surpreso, mas percebendo que Sabrina era absolutamente honesta quanto ao impacto de suas palavras sobre o estômago dela, Patrick desculpou-se no mesmo instante. Ela ficou quieta por outro minuto, absorvendo o que ele dissera. Então, comentou:
– Tudo bem, minha barriga está melhor agora.

Esse foi um recado claro para todos nós de que o corpo humano é sensível e responde ao que lhe é dito. Quando você lhe diz coisas duras, ele se sente mal. Como magia (ou assim parece), quando lhe diz coisas amorosas, ele se sente – adivinhe como? – melhor!

Nosso hábito de conversar no íntimo de forma negativa está tão entranhado em nós que nem mesmo nos damos conta disso. Ao ouvir as pessoas falarem sobre seus corpos, as palavras que mais escuto com mais frequência são "Eu detesto": "Detesto meu cabelo, minhas coxas, minha careca, minha cintura, meus pés, minhas sardas, minhas rugas", e assim por diante. Você diria isso a seu pior inimigo, quanto mais a um amigo que trabalha incansavelmente para transportá-lo por toda parte? Claro que não. Contudo, o padrão está aí.

Para romper esse hábito, creio que precisamos de aulas ou pelo menos de lembretes de como falar conosco. Faça uma relação que diga: "Quando eu falar comigo, eis o que preciso dizer...". Então, escreva as frases mais amorosas e afirmativas em que puder pensar e que gostaria de compartilhar com seu melhor amigo. Comece de dentro para fora, e concentre-se naquilo que está mais internalizado do que no que está exteriorizado.

Por exemplo:

- Você é tão fiel. Obrigado por levantar e seguir em frente todos os dias.

- Você é um amigo e tanto. Obrigado por ser confiável.
- Você é inteligente, criativo e engraçado. Sei que posso contar com você.
- Você é leal, maleável e poderoso.
- Valorizo tudo que você faz por mim.
- Você é tão lindo.
- Você é ótimo.

Ao mesmo tempo, faça uma relação de palavras gentis que pode dizer ao seu Espírito, como:

- Estou contente por você estar presente.
- Espero que esteja à vontade.
- Obrigado por sua generosidade.
- É tão maravilhoso sentir sua generosidade.
- Eu o amo.

Escreva sua lista e coloque-a de forma destacada em seu campo de visão. Transforme-a em um protetor de tela em seu computador. Imprima-a e coloque-a no painel de seu carro. Ponha uma cópia em sua carteira. Prenda-a em cada espelho da casa para que, toda vez que se olhar, tenha palavras gentis para si mesmo. Pode até utilizar seu celular e deixar sua relação como uma mensagem.

Enxergar-se, e especialmente ao seu corpo, com apreciação desfavorável é algo muito danoso em termos físicos. Culturas antigas e sistemas de crença orientais reconheciam isso e até mesmo criavam amuletos para afastar o "mau-olhado".

Em nome do amor-próprio e do amor por seu corpo, não lance mau-olhado – ou, como as crianças acertadamente dizem, não faça "cara de nojo" – ao seu corpo... jamais. Derrame luz, amor e afeição sobre ele, em vez disso. Fale gentilmente com seu corpo, nem que seja pela simples razão de que esse é o modo básico de tratar um amigo – com respeito.

Outra maneira de honrar seu físico é cuidar dele. Vinte e cinco anos atrás, minha mãe deu de presente a meu pai um Cadillac Seville, pelas bodas de prata. Sabia que ele queria um e fez uma poupança para isso durante anos. Era um carro lindo, imponente e mais glamoroso que qualquer um que meu pai já tivera antes. Ele prezava aquele veículo: lavava e polia toda semana. Trocava o óleo religiosamente, limpava, cobria os bancos com capas e, mais que tudo, falava com ele e com apreço. Estimava seu presente e tomava um enorme cuidado com ele. Consequentemente, o carro andou e andou e andou. Além da manutenção regular, nunca precisou de coisa nenhuma – funcionava como um sonho.

Não sugiro que nossos corpos humanos sejam como carros, literalmente, mas sei com certeza que, se lhe dermos metade do cuidado que tendemos a dar a outras coisas, como nossos automóveis, teríamos êxito em nos sentirmos bem em nossa própria pele.

Comece com o básico. Todos os corpos humanos precisam de muita água, cereais, verduras e proteína. Também é fato conhecido que são mais saudáveis se alimentados com uma dieta alcalina de cereais, verduras e proteínas de origem não animal. Portanto, mantenha-o em bom funcionamento, coma mais comidas alcalinas que ácidas. Para descobrir o que é o quê, entre na internet e procure por "comidas alcalinas" e "comidas ácidas".

Em seguida, movimente-se um pouco. O movimento deixa o corpo feliz, e um corpo feliz ajuda a nutrir um Espírito feliz. Levante-se, alongue-se, incline-se e caminhe. Mova-se a cada uma ou duas horas, pelo menos um pouco. Mantenha o motor do coração, pulmões e sistema digestivo funcionando bem.

As pessoas me perguntam o tempo todo como manter o peso ou a saúde sob controle. A resposta é simples: escute seu corpo (o que é muito mais fácil de fazer se você conversar gentilmente com ele) e respeite como você se sente. Observe como as escolhas afetam o físico – não apenas no momento, mas em poucas horas ou no dia seguinte. Faça aquelas que permitam a seu corpo sentir-se bem.

Por exemplo, observo que embora eu aprecie o pão francês e queijo, se eu comer mais que uma porção, fico muito congestionada e não consigo respirar direito logo depois. Quando isso acontece, não durmo tão profundamente e não me sinto bem no dia seguinte. Portanto, ouço meu corpo e como pão e queijo com moderação.

Meu marido adora um belo copo de vinho ou de cerveja, mas seu corpo, não. Isso o deixa sentindo-se mal-humorado, desmotivado e cansado. Ele deu ouvidos aos sintomas e parou de beber porque não se sentia bem depois.

Escutar seu corpo e respeitar a forma como se sente é um ato poderoso de amor-próprio. Porém, tome cuidado para não impor seu próprio "faça e não faça" aos outros. O que é autoapreço para com seu corpo não é o mesmo para todos os corpos.

Ano passado eu estava em visita aos meus pais em Denver, e resolvemos sair para comer. Depois do jantar, o garçom ofereceu sobremesa, especificamente a especialidade da casa: bolo de chocolate quente com sorvete de baunilha e calda de caramelo.

Minha mãe ouviu atentamente e, então, disse:
– Minha nossa, isso parece delicioso, e tenho certeza de que é. Porém eu me amo e sei que se comer isso não me sentirei bem mais tarde, portanto direi não e passarei a vez.

O garçom, surpreso com seu comentário autoamoroso, disse:
– Bem, quem poderia discutir com você? Tudo bem.

Foi então que meu pai exclamou:
– Eu me amo também, portanto, direi sim!

Todos nós caímos na risada.

Enquanto o garçom saía para trazer a sobremesa, pensei naquilo que os dois disseram. Os doces não faziam bem a minha mãe, que tende a ficar com hipoglicemia, mas eles raramente incomodaram meu pai, se é que incomodaram alguma vez. Ambos fizeram a escolha certa. Quando a sobremesa chegou, eu, que aprendo a me amar um pouco mais a cada dia, disse: "Eu me amo também", e peguei apenas três colheradas. Todos fomos para casa satisfeitos em termos de amor-próprio.

Quando bem cuidado e estimado, seu corpo torna-se seu melhor sistema intuitivo de *feedback*. Pode avisá-lo de perigo, por meio de uma sensação nas entranhas, pelos cabelinhos eriçados na nuca, ou por calafrios subindo e descendo pelos braços. Pode também registrar empolgação pela quentura na garganta, palpitações no estômago ou leveza de coração. É o seu melhor guia intuitivo e o levará constantemente além de onde você iria e rumo às melhores circunstâncias possíveis, todas as vezes.

Quanto mais amamos e cuidamos de nosso corpo, mais em sintonia ficamos com ele.

Passo 3

Conheça seu Espírito

Este passo concentra-se em ajudá-lo a reconhecer melhor como o Espírito se expressa por meio de sua personalidade. O exercício que se segue instila em você seu direito Divino de ser feliz e impede seu ego de lhe roubar a alegria. Abraçando essa nova percepção, não mais precisará esperar que a felicidade o encontre – você a escolherá e desenhará fronteiras saudáveis e protetoras em torno de seu Espírito e da alegria que lhe é natural.

Não só é importante criar uma atmosfera adequada na qual o Espírito possa habitar, como também tornar-se familiarizado com o Espírito em si. Observe a natureza do seu eu e do que ele gosta... ou, melhor, ama.

Quando peço aos meus alunos ou clientes para me contarem a respeito de seu Espírito e do que ele ama, recebo muitos olhares vagos e expressões de confusão:

– Não sei como é meu Espírito – ouço. – Nunca pensei nisso antes. – E, mais explicitamente: – Como saber como é meu Espírito, quanto mais o que ele ama? Não tenho ideia!

Não tenha medo – descobrir como é seu Espírito é simples. É a parte de você leve, feliz, criativa e gentil... a parte de você presente, que vive no momento e ri com facilidade. É o aspecto de sua natureza tolerante, indulgente, serena e confiante. É também seu lado entusiasta e generoso. Não entre em pânico se não conseguir encontrar ou sentir seu Espírito dentro dessas descrições. Mesmo que seu Espírito esteja se escondendo de você, desde que você esteja vivo, ele também está.

Para identificar seu Espírito, saiba que além dessas qualidades universais, cada Espírito também possui atributos pessoais únicos. Alguns são enérgicos e exuberantes – eu sei que o meu é. Outros – como o de minha filha mais velha ou o de meu pai, por exemplo – são mais calmos, mais despreocupados e brandos.

Alguns Espíritos são aferrados à realidade, práticos e pacientes. Esses Espíritos são de terra. Outros são sensíveis e empáticos e compassivos: são de água. Alguns Espíritos são falantes, rápidos com os pés e fortemente energéticos. Esses são de fogo. E alguns são sensatos – têm uma visão ampla e enxergam o Quadro Abrangente. São os do ar. Com essas descrições, você é capaz de discernir melhor que tipo de temperamento tem o seu Espírito?

Esta pode ser a primeira vez que tenta entrar em contato com seu Espírito, mas assim que o fizer e começar a ponderar sobre isso, seu Espírito se revelará cada vez mais a você.

Para ajudá-lo a reconhecer e chegar a conhecer mais intimamente seu Espírito, leia a seguinte lista de outras características típicas do Espírito, para ver quais delas relacionam-se a ele:

Se for um Espírito de terra, você tende a ser:

- sólido
- consistente
- aferrado à realidade

- calmo
- lento para reagir
- paciente
- afetuoso

Se for um Espírito de água, você tende a ser:

- sensível
- compassivo
- empático
- emocional
- protetor
- incentivador
- deprimido

Se for um Espírito de fogo, você tende a ser:

- expressivo
- assertivo
- reativo
- decisivo
- impulsivo
- confiante
- comunicativo

Se for um Espírito de ar, você tende a ser:

- global, na maneira de ver as coisas
- objetivo
- curioso
- engenhoso
- inventivo

Essas são descrições muito genéricas, é claro. Não é incomum que um Espírito tenha alguma combinação das características precedentes, isto é, você pode ser um Espírito de água e de terra ao mesmo tempo. Como Seres Divinos, atraímos todos os aspectos da expressão consciente e com frequência mesclamos nossos traços Divinos.

Outra maneira de estimar e entender profundamente o Espírito é identificar o que você ama. O que o envolve tão completamente e o faz perder a noção do tempo e do espaço e simplesmente desfrutar o agora? O que o empolga, delicia, consome, hipnotiza e comove? As respostas a essas perguntas dizem muito sobre o Espírito. Escreva suas respostas. Faça uma lista rápida de todas as coisas que ama e terá uma sensação concreta do Espírito único e de como ele deseja se expressar.

Por exemplo, eu adoro viajar – especialmente para cidades exóticas, como Marrakech, Jaipur e Cairo. Quando estou lá, sinto-me atemporal e fascinada pela beleza e o mistério desses lugares.

Também amo ir às lojas, não necessariamente para comprar, mas de preferência para encher meus sentidos com toda a criatividade e inventividade que vejo em várias delas. Amo a cor, a leveza, a textura, o cheiro e o sabor das coisas belas. Posso andar pelo comércio o dia inteiro e não ficar nem um pouco cansada.

Amo me aninhar na cama com minhas filhas (agora crescidas) e assistir a reprises de nossos shows favoritos de tevê, pintando nossas unhas dos pés e compartilhando histórias durante os comerciais. Não importa o quanto eu esteja cansada depois de um dia cheio, posso passar horas rindo junto com minhas filhas antes de ter a mais leve vontade de me retirar para dormir.

Amo andar de bicicleta com meu marido, Patrick, e tentar acompanhá-lo enquanto ele percorre a reserva florestal perto de nossa casa, em Chicago. Amo quando meu coração bate tão depressa que penso que saltará do peito, ao longo do percurso, e a euforia que sinto depois que acabamos. Posso passear de bicicleta durante horas sem ficar cansada, mesmo que estivesse exausta ao sair.

Cada vez que abro um workshop, peço aos alunos que compartilhem, uns com os outros, o que amam, como uma maneira de fazer um sinal aos seus Espíritos para que acordem. Não importa o quanto o grupo é calado de início, em cinco curtos minutos a sala zumbe de energia e vitalidade à medida que todos descrevem aquilo de que gostam. Ouço explosões de riso e entusiasmo compartilhado entre estranhos em questão de segundos. O Espírito não é apenas a fonte de alegria; compartilhar seu amor é uma fonte de alegria para todos. A cada vez, fico admirada do quanto uma sala cheia de gente envergonhada, retraída, transforma-se depressa num grupo de velhos amigos pelo simples fato de abordar o que seus Espíritos amam.

Tente e experimentará o que digo. Pegue uma folha de papel, agora mesmo se possível, e comece. Quanto menos pensar e mais depressa escrever, melhor. Anote tudo que ama. Dedique a esse exercício não mais que cinco minutos. Qualquer coisa mais que isso, e seu ego assume a tarefa. Depois, estude sua lista. Ela lhe dará um grande insight quanto ao temperamento e energia únicos de seu Espírito.

Eis uma lista de amostra:

Eu amo...
- família;
- ouvir rock;
- dançar;
- flores frescas;
- roupas bonitas;
- belos sapatos;
- pão francês e queijo;
- Paris, viagem e amigos;
- contar histórias;
- cantar;
- ensinar;
- rezar;

- jantares;
- bons travesseiros;
- passaportes;
- dormir;
- rir.

Claro, sua lista pode não relacionar tudo que você ama, mas dá a partida para um começo relativamente bom e claro. A relação anterior lista a essência de alguns de meus amores, o alimento e o combustível de meu Espírito – as coisas que fortalecem e nutrem meu eu autêntico. Se me envolvo ou me ligo aos itens dessa lista, sinto-me feliz e tranquila no mesmo instante, o que demonstra que estou conectada com meu Espírito e à mente Divina. Também posso dizer, pela lista, que sou um Espírito de fogo e do ar, que ama o conforto, a aventura e inspirar os outros.

Agora, olhe para sua lista. Ela revelará insights intrigantes a você também. Assim que esteja escrita, passe-a para um bom amigo e pergunte-lhe se há algo que você deixou de fora. Depois, passe-a para um membro da família ou alguém que o conheça a vida inteira. Depois que a tiver lido para essas pessoas, indague se podem pensar em algo mais que você ama e que esqueceu. Pergunte se conseguem pensar em algo que seja o mais perfeito exemplo de você em seu melhor. Ao fazer isso, você pede a pessoas próximas, íntimas, para realçar um aspecto de seu Espírito que talvez tenha negligenciado ou que não tenha identificado prontamente.

Por exemplo, depois de ouvir minha lista, meu marido, imediatamente, lembrou-me de que eu amo solucionar os problemas rapidamente e que encontro uma enorme alegria em fazer isso. Era, realmente, um gosto de meu Espírito que eu deixava de fora. E minhas duas filhas, depois de ouvirem minha lista, lembraram-me no mesmo instante que amo absolutamente escrever, algo ignorado por completo. Na verdade, escrever, para mim, é uma atividade predileta de rejuvenescimento, e eu me esquecera totalmente disso em relação ao Espírito.

No questionamento de seu caminho, de sua verdade e seu propósito, comece por essa lista. É perfeita para chegar a respostas e diretrizes, porque reflete o você autêntico em ação.

Por exemplo, acabei de voltar de um seminário em São Francisco. Nele, uma moça disse-me que não tinha ideia de qual era seu propósito na vida e que sentia desperdiçá-la, trabalhando como secretária numa grande agência de publicidade. Depois que pedi a ela que revisasse as coisas que amava, para conectar-se a seu propósito, ela mencionou que crescera em Kansas e adorava animais. Em particular, amava cavalos, mais que tudo na Terra. Deliciava-se em cavalgá-los, escová-los, competir com eles, treiná-los e fazer qualquer coisa que tivesse a ver com eles. Sentia, principalmente, que eram uma cura para seu Espírito, e então se deu conta de que sentia muito a falta desses animais.

Conforme conversávamos, ela disse também que amava ensinar e trabalhar com menininhas – especialmente as que vinham de lares destroçados – algo que fizera quando estava na faculdade. Tinha sido até mesmo a "Irmã Mais Velha" de várias garotas no decorrer dos anos, e isso lhe trouxera imensa alegria. Continuando a explorar a lista, ela então se lembrou que amava estar em contato com a natureza e que pensara muitas vezes em ir embora de São Francisco, mudar-se para uma região mais interiorana.

Na hora em que terminou de explorar seus interesses, ela percebeu que aquilo que seduzia seu Espírito era trabalhar com cavalos e, quem sabe, encontrar uma maneira de ajudar meninas adolescentes a conquistar confiança aprendendo a cavalgar. Na verdade, decidiu naquele exato momento que mudaria para Lake Tahoe e começaria a trabalhar com cavalos no inverno. Na hora em que terminamos de conversar, seu Espírito assumira o comando com força total. A luz estava em seus olhos, o entusiasmo queimava em seu ventre, e a clareza sobre fazer o que ela amava apossou-se de sua mente. Não tenho certeza se seguirá em frente ou não, mas sei sem sombra de dúvida que ela foi embora sentindo-se conectada por completo a seu Espírito e, por isso, mais feliz!

Conversei com outra aluna no workshop, uma pesquisadora científica há mais de 20 anos. Quando perguntei do que gostava, ela disse: "Crianças". Quando a encorajei a se estender mais sobre o assunto, ela percebeu que gostava de ensinar e passar o tempo com crianças e que sonhava muitas vezes em criar sua própria escola segundo o método Montessori. Conforme falava, chegou à conclusão de que ser uma pesquisadora científica, embora fosse boa nisso, não representava o que seu Espírito gostava afinal. De certa forma, era algo que seguira para agradar o pai, muito ambicioso. Ela se sentia extremamente entediada e sem inspiração em seu emprego atual e detestava precisar trabalhar todo dia. Seu Espírito sentia-se isolado e desconectado de tudo que amava, e ela não conseguia mais suportar isso. Mesmo a aprovação do pai, tão necessária a seu ego, não era mais suficiente para fazer essa opção valer a pena.

Assim que se reconectou ao seu Espírito, ela se viu motivada a fazer uma mudança na direção ao que a chamava. Saiu prometendo a si mesma que seguiria seu Espírito e se envolveria com aquilo que realmente desejava fazer. Declarou:

– Começarei minha escola. Só de pensar nisso, fico feliz e inspirada. Não estou com medo.

Quando anunciou isso, a classe toda irrompeu em aplausos. Quando uma pessoa segue seu Espírito, estimula todos a fazer o mesmo. Como existe apenas um Espírito, então a liberação de uma pessoa do medo e do ego é a de todos também.

Quanto mais você dá a seu Espírito o que ele ama, mais forte e mais incorporado ele se torna; e quanto mais incorporado se torna, menos perdido e fora de controle você se sente. Um Espírito bem cuidado, plenamente incorporado, tranquiliza sua mente nervosa, insegura, sabotadora de si mesma, temerosa, e empurra você na direção daquilo que o faz feliz e o enche de luz. Você para de se preocupar e, como em um efeito-dominó, descobre-se num caminho rumo à satisfação de seu eu mais autêntico.

Quanto mais você conhece seu Espírito e permite que ele o leve na direção daquilo que você gosta, mais depressa entra num padrão confortável e sólido de tranquilidade e confiança. Você não precisa pensar sobre o propósito da vida, porque estará fluindo com ele.

Alimente o desejo de conhecer seu Espírito. Preste atenção às coisas que falam ao seu coração. Siga essas pistas e rumará diretamente àquilo que procura na vida... sempre.

Você pode ter recaídas temporárias do ego e desviar-se de seu Espírito, deixando-se capturar nas armadilhas da negatividade e da insegurança, mas tente não se preocupar com isso. Simplesmente envolva-se em algo que seu Espírito ama todo dia, e voltará ao caminho certo.

Exercício simples: Atreva-se a ser feliz

Recentemente, fui convidada para um churrasco na casa de um bom amigo. Não sendo conhecida da maioria dos outros convidados, ouvi as conversas antes de me juntar a eles. A maior parte do que ouvi centrava-se no sofrimento ou nos desafios das pessoas. E não era de surpreender que o tema geral entre os convidados fosse: "Eu estaria bem se apenas uma coisa ou outra fosse diferente em minha vida".

Houve manifestações cheias de simpatia por parte dos diversos grupos conforme as pessoas compartilhavam seus mais variados infortúnios, com a maioria dos quais eu poderia me identificar. Houve discussões a respeito do esforço para criar os filhos (eu conhecia isso bem), sobre membros da família mal fisicamente (também os tenho), sobre a elevação dos impostos sobre a propriedade (os nossos subiram muito), sobre relacionamentos desafiadores (o meu está entre os piores) e sobre a realidade adicional de viver no mundo físico, humano, com outras pessoas.

Enquanto ouvia, percebi um tremendo empurrão energético para ser "simpática" com os presentes, entrando na conversa com os meus próprios infortúnios. Contudo, sei que é bem mais amoroso para si mesmo ser positivo e tranquilo, a despeito de todos os problemas da vida, e, por isso, resisti à tentação de me condoer, por mim e pelos outros. Com problemas ou não, meu Espírito prefere ser feliz, portanto entrei para falar de coisas positivas.

Quando compartilhei meu estado tranquilo com os outros convidados, a discussão chegou a uma pausa constrangida, e aqueles com que eu conversava se afastaram depressa. Fiz mais umas poucas tentativas gerais de ser positiva só para perceber que não era assim tão popular ser tão cheia de alegria.

O que experimentei, em vez disso, foram sorrisos tensos e alguns comentários condescendentes, tipo "Sorte sua", seguido por "Como consegue ser tão especial?". Ou, simplesmente, as pessoas deixaram a conversa morrer, parecendo, de repente, distraídas e se afastaram.

Compartilho essa história não para inspirar simpatia. Só quero mostrar que escolher ser feliz e cheio de amor-próprio não fará que você ganhe nenhum concurso de popularidade, principalmente quando persistir, segundo outros autores, uma "prevalência do sofrimento" em nossa cultura, na qual a maioria de nós é viciada. Essa prevalência é o ego dirigindo o show. Ele adora compartilhar o sofrimento porque só sente o sofrimento. Não conhece nada mais. Portanto, é claro que as pessoas que não sabem que são Espírito e não se conectam com seu Espírito sucumbem ao sortilégio e às queixas do ego.

Se você não fizer eco aos egos das outras pessoas, esses egos ficarão bastante aborrecidos com você, fazendo um complô para intimidá-lo a ser parte integrante de sua infelicidade. Afinal, o sofrimento adora companhia.

Portanto, tome cuidado com essa potencial emboscada e mantenha-se alerta. Não se deixe intimidar a ponto de condoer-se com os outros num nível egoico, como uma maneira de relacionar-se. Seja fiel ao seu Espírito, e não se sinta constrangido de estar bem consigo mesmo. Você pode sentir-se um pouco fora de sincronia com o mundo, inicialmente e, na verdade, estará fora de sincronia com a energia dominante do povo em geral, que está nas garras do ego e com tudo que nele há de pior. Apegue-se ao amor-próprio e vivifique seu Espírito, e seja paciente com os outros. Embora seja difícil de acreditar, existem pessoas vibrando num nível mais elevado, e se a sua vibração for sistematicamente alta, você se conectará com elas. Enquanto isso, permaneça fiel ao seu Espírito e desfrute de sua paz, mesmo que seja impopular.

Identifique os assaltos ou julgamentos de sua felicidade como ataques do ego e ria deles. Quanto mais você elevar a vibração e seguir simplesmente pela estrada mais alta, tanto mais aqueles que estão profundamente atolados no lixo do ego o desafiarão. Encare tais desafios como oportunidades para mostrar a essas pessoas outro caminho. A reação delas pode não ser positiva, a princípio, porém você lhes dará algo em que pensar. Tenha compaixão quando se confrontar com a negatividade geral, e encare o momento como uma oportunidade de espalhar um pouco de alegria no caminho delas. Nunca se sabe como isso as afetará a longo prazo, e você pode ter uma surpresa.

Uma querida cliente minha viajou com a tia até uma pequena cidade em Iowa para comprar doces feitos por freiras famosas por seus confeitos, num convento. Logo depois de comprar um estoque dos famosos caramelos, minha cliente deu uma mordida, saboreou o gosto e virou-se para a tia com exuberância despreocupada, e disse:

– Gosto realmente desse caramelo. E sou muito grata de poder saborear tal doçura na vida.

Ao que sua tia retrucou com rispidez:

– Deveria mesmo, mocinha, porque o Senhor sabe, você não merece tal doçura ou alguma outra coisa de bom que Deus lhe deu.

Nossa! Aquilo era negatividade suficiente para arrancar a doçura do caramelo – e do coração de minha cliente também. Felizmente, esse assalto não acertou a marca da humilhação a que se destinava. Minha cliente se amava, seu Espírito apreciava imensamente o doce, e ela não estava a fim de deixar as "uvas verdes" de sua tia lhe tirarem esse prazer. Apenas sorriu e deu outra mordida.

Voltaram para casa e logo tomaram caminhos separados. Minha cliente riu do comentário e não dispensou nem mais um pensamento a ele. Seis meses mais tarde, recebeu um pacote pelo correio: era uma caixa de caramelos do convento, mandado por sua tia. Dentro, havia um bilhete que dizia: "Você gostou tanto destes caramelos que eu quis lhe mandar mais alguns. Saber que adoçam seu dia adoçará o meu".

Minha cliente ficou espantada. Aparentemente, sua decisão de permanecer na vibração do amor por si mesma tinha causado uma impressão duradoura em sua tia. Pelo bilhete, ela podia dizer que o Espírito de sua tia ficara comovido aquele dia e, sem o conhecimento dela, acordara. Ao olhar para trás, descobriu que isso tornara aquela viagem muito mais doce.

Meu propósito aqui é que você não tome a resistência de alguém diante de sua alegria como algo pessoal. Escolher se amar desafia o paradigma coletivo de culpa e vergonha que nos controla por milhares de anos. Se seguirmos a rota do ego, nunca nos sentiremos dignos de nos amar. Se escolhermos vivificar o Espírito, seremos instantaneamente liberados. E, principalmente, por nosso exemplo, ajudaremos outros a se libertarem também... não imediatamente, talvez, mas em algum momento no futuro.

Meu mentor espiritual ensinou-me uma lição quando disse: "O caminho para ajudar o miserável do mundo é não ser um deles". É simples. Portanto, embora impopular, e, independentemente disso, é amoroso para com os outros se amar e vivificar seu Espírito.

Escolher o amor-próprio pode ser solitário. Você será desafiado e, sem dúvida, será testado. Não tome a resistência negativa e os desafios dos outros pelo lado pessoal. No mínimo, encare-os como um sinal de que se livra do pernicioso círculo vicioso do ego autodepreciativo e autocontrolador que causa tanto sofrimento. Quanto maior a oposição que sentir ou enfrentar, maior a indicação de que é bem-sucedido em retornar ao amor-próprio do Espírito.

Julgar a si e aos outros é uma doença da alma, semelhante ao resfriado. Qualquer um que esteja consumido pelo o que chamo de "resfriado psíquico" de negatividade está bastante enfermo e sente-se como um bagaço. Tenha compaixão. Tenha misericórdia. Contudo, tenha bom-senso também. Perceba que esse tipo de resfriado energético é contagioso e pode se apossar até mesmo do mais saudável entre nós. Fique feliz pelo amor-próprio lhe dar resistência. Com a prática, há de lhe conferir completa imunidade.

Não importa o que aconteça em seu caminho, continue fiel ao seu Espírito, e não se deixe afastar do centro pelo julgamento dos outros. Reconheça que as outras pessoas podem não ser espiritualmente saudáveis, e as perdoe. Deus quer que você seja feliz, alegre e livre – ordena-lhe que seja assim. Permaneça fiel ao seu Espírito e honre seu Criador. Insista em apreciar essa dádiva.

Passo 4

Conecte-se com sua família anímica

Este passo o ajudará a concentrar-se com sua família anímica pessoal: aquelas pessoas que testemunham e fortalecem o você autêntico. Enfatiza a necessidade do Espírito de estar em comunidade com Espíritos afins e mostra como encontrá-los. O exercício que se segue firma as intenções que servem ao Espírito todo dia. À medida que você se alinhar com o eu autêntico, sentirá amor e afeição profundos e verdadeiros por quem realmente é.

Conectar-se com a família é uma das atitudes mais profundamente restauradoras de amor-próprio que podemos escolher. Nosso Espírito se regenera melhor quando em companhia de Espíritos afins. A ausência desse recurso é debilitante para ele. Somos animais gregários por natureza e precisamos de nossa tribo – nosso povo – para ajudar a elevar nosso Espírito, fortalecer nossos campos energéticos e refletir nosso eu autêntico em nós.

Isso ocorre, em condições ideais, com os membros da família de origem. Mas "família" para o Espírito não significa necessariamente laços de sangue. Assim como temos uma "linhagem de sangue" feita daqueles que compartilham a composição genética, também temos uma "linhagem de alma", composta de Espíritos afins que, do ponto de vista energético, veem, conhecem e vibram com você num grau profundo e autêntico, sem diálogo, explicação ou esforço. Apenas "entendem" você, assim como você a eles.

O importante a respeito dessa conexão, quando se trata de amar e vivificar seu Espírito, é que esses laços saudáveis de afinidade lembram-no de ser fiel ao seu Espírito e o trazem de volta a você melhor do que poderia fazer sozinho.

Sempre que estou com minha família, por exemplo, especialmente meus irmãos, é apenas uma questão de minutos antes que me descubra relaxada, rindo, e recordando-me de meu eu autêntico. Quaisquer dúvidas acerca de mim ou pensamentos ansiosos que esteja carregando começam a se aquietar. Meu humor aparece e, de repente, sinto que estou mais uma vez "em casa".

Quando estou com minha família, sinto-me vista, aprovada, compreendida e à vontade em minha própria pele. Esqueço meu eu externo, meu eu "histórico", ou minha identidade externa. Paro de ser "alguém" e "sou", apenas.

Isso não quer dizer que em minha família não haja conflitos, brigas, querelas, queixas e irritações. Somos um bando de cabeças-quentes franco-romanos, portanto temos inúmeras diferenças como desafio. Porém, essas disputas existem apenas em nível do ego. Algo positivo em termos energéticos ocorre quando estamos juntos, e nos sentimos melhor.

Observei que isso acontece com meu marido quando está com a família "dele". Nada regenera mais o Espírito de Patrick que várias horas com seus irmãos e irmãs, apesar de ele ser o filho mais velho numa grande família católica, com todas as suas patologias previsíveis plenamente instaladas. Algo profundo dentro dele se ilumina, se acalma, reconecta-se e satisfaz sua alma. Todo tempo do mundo comigo não faz por ele, em termos energéticos, o que seus irmãos e irmãs fazem. Não é que sejam melhores... são diferentes.

O benefício de estar com a família não é intelectual ou mesmo emocional – é energético. No caso de Patrick, ele tem enormes diferenças intelectuais e emocionais com todos os seus irmãos, assim como eles com Patrick. Não importa. O benefício que ele sente quando perto deles é estritamente vibracional. Seu Espírito é consolidado na companhia deles, e isso o faz feliz.

Creio que todos temos conexões anímicas com pelo menos algum membro da família de origem que consolidam nosso Espírito e nos ajudam a evitar que nos percamos na confusão e esgotamento da identidade do ego. Seja irmão, pai, primo ou avô, há sempre alguém da constelação de sua família que realmente o enxerga, o você Divino e autêntico, e consegue distingui-lo corretamente. Esse parente é aquele que o faz lembrar-se de acreditar em si mesmo e saber que é amado como você é. Ele está lá para impedi-lo de ficar totalmente perdido ou desconectado de seu Espírito.

Obter apoio dos membros da família da linhagem de sangue pode ser impossível para algumas pessoas. Ouço muitas queixas de que a família não as "entende", e as pessoas se retraem com sentimentos de raiva e pesar. Se esse é seu caso, é importante avaliar com honestidade se você concede à sua família uma oportunidade justa de "entendê-lo", revelando-se francamente antes de cortar relações.

Hoje mesmo eu estava em diferentes teleconferências com mãe e filho, ambos frustrados e profundamente machucados pelas experiências de não serem reconhecidos amorosamente um pelo outro. A mãe era uma mulher que devotara a vida ao filho, financiando educação, apartamento, carro, seguro do carro e roupas; e, por gastar esse dinheiro, tinha raiva de que o filho a tratasse com tamanho desrespeito.

– Ele não gosta de mim – lamentou-se. Sua queixa não era do ego, mas a mágoa de um Espírito sentido.

Ele, por outro lado, cuidava do gramado, tomava conta dos animais e pintava a casa dela, inclusive belos murais nas paredes da sala de estar.

– Ela não gosta de mim – queixou-se.

Embora ambos se mostrassem zelosos na vida um do outro, o problema era que essa era a única maneira que se mostravam um para o outro. Não conversavam, não sabiam do que o outro gostava, com o que se importava, no que acreditava ou com o que sonhava. Em outras palavras, não conheciam o Espírito um do outro. Somente experimentavam o desapontamento um do outro.

A mãe, por exemplo, era uma extraordinária administradora financeira, e, sem o conhecimento do filho, tinha criado e administrava um fundo que provia alimento e abrigava mais de dez mulheres sem-teto anualmente, fornecendo também cuidados médicos e treinamento profissional para elas. Era uma pessoa profundamente compassiva e humanitária e, contudo, ele não tinha a menor ideia disso. Essa parte dela expressava seu mais autêntico Espírito; contudo, o filho só a conhecia como sendo uma mãe mandona que apenas se importava com dinheiro, porque isso era tudo que ela lhe revelava.

Simultaneamente, ele escrevia lindas canções e compunha músicas maravilhosas, algumas das quais apresentara em várias peças amadoras locais. De uma forma crescente, contribuía para a beleza do mundo e, contudo, sua mãe não fazia a menor ideia que o filho possuía esses talentos musicais. Por que saberia? Ele nunca lhe revelara essa faceta de si mesmo, seu eu verdadeiro, autêntico. A mãe só o enxergava como um "sonhador", que não trabalhava num emprego regular ou, em sua percepção, "de verdade".

Ao ocultar seu eu verdadeiro um do outro, eles roubaram de si próprios e um do outro a conexão mais profunda que suas almas seriam capazes de apreciar. Estabeleceram uma conexão nada autêntica de ego para ego, em vez de se arriscarem ao desconforto de revelar seus Espíritos um ao outro.

Descobri que as pessoas cometem esse erro, especialmente em família, o tempo inteiro. O potencial para uma conexão profunda da alma está lá, porém cabe ao Espírito dentro de cada pessoa enxergar, querer e criar isso. Quando nos relacionamos um com o outro de ego para ego, não podemos enxergar essas conexões profundas de jeito nenhum. O ego enxerga a todos como um inimigo potencial, mesmo os membros da família. Quando nos relacionamos com o outro de Espírito para Espírito, enxergamos e sentimos nossa conexão Divina no mesmo instante.

Meu papel, ao fazer a consulta tanto com a mãe como com o filho, no mesmo dia foi orquestrado por seus Espíritos, para ajudá-los a enxergarem um ao outro com mais apuro e para restabelecer uma conexão anímica genuína outra vez.

Depois que conheceram o Espírito generoso e criativo um do outro, a percepção de cada um deles se abriu. Sugeri que a mãe comparecesse a um dos concertos do filho. Também recomendei que o filho fosse com ela ao abrigo que a mãe patrocinava e observasse como ajudava as mulheres de lá aos lhes ensinar novas habilidades. Os dois concordaram que essa era uma boa ideia, e disseram que fariam isso.

Várias semanas depois recebi um bilhete explicando como, depois que se conheceram melhor, ambos desenvolveram um respeito recém-descoberto um pelo outro. Começaram a conversar e resolveram combinar talentos. Ele e seus amigos realizariam um concerto para arrecadar dinheiro para as mulheres sem-teto, e ela abordaria seus sócios de negócio para ajudar a patrocinar o movimento. Não mais alheios às mais belas qualidades um do outro, tornaram-se amigos e aliados. Tenho certeza de que era esse o plano de suas almas o tempo todo.

Narrei esse fato para dizer que, antes de concluir que sua família de origem não tem capacidade de enxergá-lo de maneira precisa, pergunte-se se você deu a ela oportunidade justa de fazer isso. E "justa" significa ultrapassar as coisas desagradáveis para descobrir uma genuína conexão.

Por exemplo, tenho um caro amigo que nasceu numa família extremamente perniciosa de alcoólatras, enraizada em fortes crenças batistas conservadoras, que julgava uma grande parte da raça humana menos que moralmente aceitável. Sendo gay, ele julgou em princípio que sua família era muito rigorosa e conservadora em questões morais para algum dia aceitar sua orientação sexual, e afastou-se por completo da influência dela mudando-se para outra cidade. Não desejando esconder sua verdadeira natureza, ele não ocultara sua sexualidade da família, porém também não lhes permitira a oportunidade de assimilar essa informação em sua presença. Simplesmente presumira que o rejeitariam e, portanto, enviou-lhe o que equivalia a uma carta de despedida antes de ir embora.

Não é de admirar que, a princípio, não recebeu uma resposta. Na verdade, vários anos se passaram sem qualquer comunicação por parte da família. Então, do nada, sua irmã, mais nova que ele dez anos, apareceu na porta de sua casa sem avisar. Espantado, ele convidou-a para entrar e perguntou, com uma atitude bastante defensiva, o que ela fazia ali. Depois de várias horas soluçando... e espumando de raiva, desafiando e o confrontando... ela deixou claro que, embora os pais não fossem energeticamente de sua verdadeira família anímica, ela era. E o irmão nunca lhe dera essa chance. Fora embora e nem se dera conta de que ela precisava dele, pois fazia parte de sua família anímica.

As feridas não foram esquecidas da noite para o dia, mas uma cura energética realmente ocorreu naquela hora. No minuto em que se reconectaram, Espírito com Espírito, ambos recobraram a significativa energia perdida com a súbita partida do rapaz. O relacionamento deles era difícil, mas valia a pena. Os confrontos entre eles os tornaram mais autênticos e os conectaram, um e outro, a seu Espírito, de um jeito que nenhuma outra pessoa poderia conseguir.

Seus pais nunca se comunicaram com ele, depois de sua partida. Eles morreram cedo, porém ele e a irmã permaneceram ligados e continuaram a desfrutar do amor-próprio e da autoafirmação.

Apesar do que acabei de narrar, às vezes, os parentes podem não proporcionar o alimento para a alma que seu Espírito necessita para sentir-se profundamente amado. Se, depois de explorar todas as possibilidades de uma verdadeira conexão no âmbito da linhagem de sangue, você sentir que ninguém pode assistir seu Espírito, então é hora de explorar sua linhagem anímica: aquelas almas que, no espaço e tempo presente, estão em contato com você e, porque fizeram parte de sua linhagem de sangue em vidas passadas, sabem realmente conhecer e amá-lo incondicionalmente.

Você reconhece os membros de sua linha anímica porque gosta muito deles, deseja que façam parte de sua vida e se sente completamente à vontade com eles, no mesmo instante em que os conhece. Embora não consiga saber racionalmente por que experimenta tamanha e tão forte conexão, você se sente autêntico e em paz na presença deles. A vibração dessas pessoas energiza seu Espírito.

Quando está com um membro de sua família anímica, seu foco consciente pode ser espiritual, ou pode não ser. Por exemplo, você conhece um vizinho e descobre que ele, como você, adora cozinhar e, de repente, os dois se divertem muito na cozinha. Podem não tocar no assunto de alma ou Espírito, de nenhuma forma. Falando apenas de açúcar e farinha, suas almas são nutridas quando juntos. E, assim, é tudo espiritual.

O contato com um membro de sua família anímica faz que se sinta melhor, mais forte, mais feliz e mais vivo. Seu corpo relaxa. Seus pensamentos se elevam. Seus medos desaparecem. Você não se concentra no passado ou no futuro. Está simplesmente no presente... e, mais que tudo, sente-se bem consigo – na verdade, você se ama. Isso tudo indica que você está em conexão com alguém de sua família anímica.

Alguns membros de minha família anímica compartilham de minha linha de trabalho, mas outros não. Tenho um grupo inteiro de membros da família anímica na França que nem mesmo conhecem plenamente ou se importam com o que eu faço. Apenas gostam de quem eu sou, e vice-versa. Eles me energizam num grau inteiramente diferente daquele do meu Eu mentor espiritual. Energizam meu eu viajante, aventureiro, comprador e artístico. A cada encontro, sinto-me como se recebesse o equivalente energético a uma transfusão de sangue – fico positivamente renovada. Preciso da conexão com eles. Alimentam meu Espírito e trazem alegria a minha vida. Também me ajudam a experimentar alegria profunda em ser eu mesmo.

Tais conexões anímicas são componentes essenciais do amor-próprio. Identifique esses relacionamentos e valorize-os. Faça o que for preciso para comungar com os membros de sua família anímica com regularidade. Por felicidade, você os encontra em qualquer parte que vá. Podemos identificá-los seguindo simplesmente o coração.

Exercício simples: Siga com seu Espírito

Quando acordar de manhã, comece seu dia com gratidão. Não importa como se sinta ou o que acontece em sua vida, preste atenção ao fato de que é uma dádiva de seu Criador estar simplesmente vivo mais um dia. Em silêncio ou em voz alta, como preferir, reconheça que está grato por isso. Pode ser algo tão simples como "Estou grato por acordar esta manhã", "Estou agradecido de ser capaz de pensar" ou "Sou grato por respirar".

Comece por identificar três coisas pelas quais se sente grato. À medida que você treina essa prática de centrar o foco em bênçãos a cada manhã, a lista crescerá. Você precisa só de alguns instantes para esse exercício. Não é necessário recitar tudo o que tem a agradecer. Apenas perceba algumas poucas coisas e depois expresse uma gratidão sincera por elas.

Ser grato é uma opção muito amorosa para si. Desvia sua atenção das coisas que o aborrecem, amedrontam, irritam, frustram ou deprimem; e infunde em seu corpo vibrações positivas, de cura. A gratidão também rejuvenesce suas células, diminui a frequência cardíaca e relaxa os músculos. É uma bela coisa a fazer por você. É muito bom.

Depois de expressar gratidão, em seguida apresente-se a seu Espírito e peça a ele para conduzir esse seu dia. Para fazer isso, levante-se, coloque os dois pés no chão, respire profundamente pelo nariz e depois exale pela boca, soltando um sonoro "Ahh". Respirar assim abre seu coração e convida seu Espírito a adentrar mais plenamente em seu corpo.

Mesmo se sentir estresse, tensão ou preocupação, continue respirando, até que se perceba centrado, assentado e relaxado. Cada vez que inspirar, dê as boas-vindas mentais a seu Espírito Divino em seu corpo, lembre-se de que convida seu eu mais sagrado e amado para conduzi-lo. Sinta a presença de seu Espírito ao centrar-se plenamente em seu corpo. Perceba como a energia do Espírito preenche de luz os pulmões, o coração, a mente e, por fim, as células. Desfrute dessa sensação. Em seguida, visualize seu Espírito penetrando completamente o corpo, acomodando-se confortavelmente no âmago, ficando à vontade, "em casa".

Não faça esse exercício às pressas. Dedique um tempo a ele. O ego gosta de entrar "de cabeça" no dia, criando uma falsa sensação de urgência ou de emergência. Mas o Espírito adentra o corpo "de coração", devagar, tranquila e calmamente.

Assim que se sentir assentado e centrado em seu Espírito, coloque ambas as mãos sobre o plexo solar (logo acima do umbigo). Esse é o terceiro chacra, mais conhecido como o centro de poder. Esse é o ponto energético do corpo que representa a tomada de decisões e o direcionamento da vida.

Imagine a presença do Espírito expandindo-se do coração ao ventre, abarcando plenamente a ambos. Faça isso, enquanto respira confortavelmente e visualiza o corpo sendo preenchido de uma luz brilhante.

Em seguida, com ambas as mãos na barriga, imagine-se assumindo seu poder, e diga em voz alta: "A coisa mais importante para meu Espírito concentrar-se hoje é _____", e então preencha o espaço em branco. Por exemplo, você pode dizer: "A coisa mais importante para meu Espírito concentrar-se hoje é escrever em meu diário", "A coisa mais importante para meu Espírito concentrar-se hoje é passar um tempo com meu parceiro" ou "A coisa mais importante para meu Espírito concentrar-se hoje é ir à academia".

Seja paciente e permita que seu Espírito revele a resposta preferida em vez de deixar que o racional apareça com uma solução. Concentre-se nessa intenção ou objetivo do Espírito para esse dia. A mente adora fazer longas listas de afazeres. Isso ativa a pressão das obrigações e deveres e o deixa vulnerável a falhas, porque, não importa o quanto suas intenções sejam boas, a vida vem em ondas de energia. Desdobra-se e flui... e o coloca em todos os tipos de surpresa também.

Portanto, se tiver uma longa lista do que fazer, você conta com uma probabilidade muito alta de perder oportunidades se sua mente estiver sobrecarregada com obrigações. O Espírito prefere manter a vida simples. Você precisa apenas nomear uma prioridade para o dia e cumpri-la para que seu Espírito seja feliz. Sendo assim, comece por identificar o objetivo mais importante para seu Espírito e depois relaxe conforme segue nessa direção. Se seu Espírito precisar nomear mais de uma intenção, cite as outras, mas não como objetivos, apenas como "preferências".

Por exemplo, numa manhã, recentemente, o objetivo número um de meu Espírito era passar algum tempo de qualidade com minha família inteira durante o jantar. Minha preferência era que tivéssemos uma refeição caseira, mas estar juntos era o mais importante. Eu sabia que não importava como se desenrolasse esse dia, se eu jantasse com minha família, no final dele, meu Espírito estaria contente.

Esse era um objetivo importante do Espírito porque minhas filhas estão agora com 18 e 19 anos, e seguindo os próprios rumos. Raramente as vejo. Além disso, meu marido tem aulas de francês e pintura à noite, de modo que com frequência está fora também. Eu muitas vezes dou aulas ou viajo, portanto os jantares em família são em menor número e mais distantes entre si. Tempo para a família não é fácil de arranjar, e nossos respectivos interesses competem com unhas e dentes por nosso tempo juntos.

Assim que a intenção de meu Espírito estava determinada, comecei o dia pedindo a todos para estarem em casa para jantar às seis da tarde. A princípio, as meninas pigarrearam e hesitaram, citando outros planos, mas eu disse que era importante para meu Espírito e que eu apreciaria imensamente a companhia delas, pelo menos para uma refeição rápida. Assim, sabendo que era importante para mim, todos concordaram. Depois, sairíamos para nossos caminhos separados.

Às cinco e quinze da tarde, o céu de repente escureceu e antes que eu pudesse me dar conta por completo do que acontecia, um alerta de tornado soou para nossa região – pela primeira vez desde que posso me lembrar pelo tempo que moro em Chicago.

Lutando contra o pânico, peguei o telefone para localizar todos e me certificar de que estavam seguros e se sabiam do perigo. Sentindo a ameaça inesperada, com a chuva batendo na casa conforme eu discava os números, percebi, sem qualquer sombra de dúvida, o quanto era importante para meu Espírito estar com minha família aquele dia. Na verdade, nada na Terra era mais crucial naquele momento.

Em questão de minutos depois do alarme, o telefone tocou três vezes: na primeira foi Sabrina, dizendo que estava em segurança e nas redondezas; na segunda, Patrick, também a salvo e por perto; e, finalmente, para meu alívio, minha esquiva filha mais velha Sonia também telefonou para dizer que estava segura e nas imediações.

Em 20 minutos, estávamos todos aninhados juntos na cozinha, com a tempestade violenta rugindo ao alto. Conforme soltamos um suspiro coletivo de alívio, não pude deixar de agradecer e amar meu Espírito por solicitar aquele tempo juntos pela manhã. Por causa de meu pedido, todos estavam mais perto de casa do que normalmente estariam, por isso tivemos condições de nos reunir depressa durante a ameaça.

Essa é a beleza de se honrar o Espírito: ele sabe o que o ego não pode saber. Caso eu não amasse meu Espírito o bastante para dar ouvidos às suas prioridades e pedir que jantássemos juntos, quem sabe onde cada um poderia estar quando o inferno desabasse sobre nós? Graças a Deus não precisei descobrir. Meu Espírito amoroso poupou-nos de toda a ansiedade e sofrimento desnecessários por estarmos separados.

Chicago sofreu a perda de centenas de árvores, porém, milagrosamente, nenhuma perda de vida. Apesar de ser o pior evento climático na história da cidade, foi o melhor jantar que já tivemos em família. Estávamos juntos e em segurança, e não havia nada melhor que eu pudesse pedir.

Honrar o Espírito e dar-lhe prioridade não é apenas o modo mais amoroso para consigo de viver sua vida, é também a coisa mais amorosa que você pode fazer pelos outros. Ao identificar a prioridade do Espírito a cada dia e fazer dela seu objetivo, você assegura não apenas a mais alta expressão de seu próprio eu, mas também se certifica de trazer sua mais elevada e mais autêntica vibração aos outros. Isso ativa um efeito cascata de energia positiva que todos sentem e possibilita uma enorme sincronicidade, na vida em geral e nas relações de afinidades também.

Termine o dia do jeito que começou: com gratidão. Não importa com que objetivo ou intenção começou, ao encerramento do dia reconheça o quanto, na verdade, ele transcorreu perfeitamente, e seja agradecido pelas dádivas que lhe trouxe. Fazendo isso, você confirma que confia em seu Espírito autêntico e não no ego, para conduzir a vida. O que quer que tenha ocorrido aconteceu porque seu Espírito queria ter essa experiência. Os eventos podem não caminhar como você, ou seu ego, desejariam ou planejariam conscientemente, mas sempre ocorrem como o Espírito quer, de acordo com o plano Divino. Aceitar isso é um passo imenso em direção ao amor-próprio.

Faça algumas poucas respirações fundamentais novamente – inspire pelo nariz e expire pela boca – e aprecie como a sensação é boa. Perceba como é de um extremo amor-próprio respirar assim de maneira tão profunda e tornar-se tranquilamente centrado.

Depois, reveja seu dia com um olhar sobre as dádivas que trouxe. Do que o Espírito mais gostou? Que bênçãos surgiram de maneira inesperada? Você se sente agradecido por algo? Pelo quê? Você pode revisar seu dia em silêncio ou escrever suas dádivas diariamente num caderno. Melhor ainda, se possível, compartilhe suas dádivas com alguém a quem ame e que escute seu Espírito com prazer.

Pouco antes de ir para cama, compartilho com meu marido as dádivas que recebi no dia e o encorajo a fazer o mesmo comigo.

Na noite da tempestade, conforme eu fechava a janela, vendo árvores centenárias derrubadas pela cidade, fiquei agradecida pela catalpa ainda em pé orgulhosa em frente de nossa casa. Conforme eu observava as luzes acesas nas casas, as cercas danificadas e a enxurrada por toda parte, fiquei agradecida e admirada que a nossa velha construção vitoriana ainda estivesse em pé, intacta e seca. Quando imaginei os vizinhos telefonando para os membros da família em regiões afastadas, só para conseguir sinais de ocupado porque as linhas de força caíram, fiquei emocionada de sentar-me com todos os membros de minha família à mesa. Fora um bom dia.

Quando você termina seu dia com gratidão, termina-o com poder. Isso porque, não importa quais sejam as intenções de seu ego, ou os resultados, ele nunca está satisfeito – sempre quer mais. Porém, o que seu Espírito deseja é sempre mais que o suficiente... é a paz perfeita.

PASSO 5

Mantenha o equilíbrio

Este passo o sensibiliza para os custos energéticos de viver num mundo baseado no ego e o ensina como reabastecer seu Espírito quando exaurido e sobrecarregado. O exercício que se segue o conectará mais ainda à sua Fonte Criativa, que o protegerá da negatividade que abunda em um mundo baseado no ego. Por meio da meditação, você explorará o estoque infindável de amor e devoção que o Universo tem a lhe oferecer.

Um dos aspectos mais importantes e negligenciados do amor-próprio, um que merece um esforço adicional de consciência, é o pedágio energético, cobrado dia a dia. Precisamos analisar adequadamente nosso dispêndio psíquico para que possamos nos reabastecer de maneira apropriada, conforme seguimos em frente. Caso contrário, cairemos involuntariamente numa exaustão energética, o que nos tornará vulneráveis à negatividade e à fadiga.

Encaremos o fato: outras pessoas, acontecimentos e até mesmo coisas, tudo requer alguma quantidade de energia de nós. Felizmente, restauram essa energia também. Nosso compromisso como seres espirituais Divinos, conscientes, que se amam, é mensurar com precisão esse dispêndio energético de maneira que possamos manter o equilíbrio. Diante das exigências da vida, precisamos nos restaurar com frequência, fazendo escolhas opções e praticando ações autoamorosas para manter nosso Espírito de coração leve e energizado.

Por exemplo, uma de minhas prioridades no momento é viajar e compartilhar ferramentas para atingir uma percepção mais elevada e um despertar intuitivo ao redor do mundo. Faço isso principalmente conduzindo workshops e também por meio de consultas particulares. Realmente amo meu trabalho: as viagens, ensinar, as pessoas; assim como compartilhar meus recursos no sentido de adquirir uma existência espiritualizada.

Contudo, embora tudo isso seja verdade, ao mesmo tempo, meu trabalho é, em termos energéticos, muito exigente. As viagens, as aulas e as conversas com as pessoas causam um desgaste energético... sem falar no estresse de frequentemente dormir em hotéis barulhentos, comer constantemente comida de restaurante e ficar desorientada em novos territórios. Ao final de uma jornada ou de um seminário, sinto-me ao mesmo tempo empolgada e exaurida, em termos energéticos.

Para contrabalançar as perdas, quando viajo, disponho de ferramentas que me restauraram ao longo do caminho. Isso inclui meu iPod, fones de ouvido para redução de ruído, meu próprio travesseiro e coberta, um frasco de remédio floral, velinhas perfumadas, chocolate, meu computador e um bom romance.

Esses itens essenciais rejuvenescedores renovam meu Espírito, e eu lanço mão deles para permanecer em equilíbrio. Saber que tenho essas coisas disponíveis para confortar meu Espírito ao fim do dia me mantém assentada e em paz. Quando viajo, também faço mais uma coisa: refreio minha sociabilidade. Fico retraída, permaneço calada e descanso. Isso dá a meu Espírito a paz que precisa para restabelecer-se.

Esse "crédito descoberto", em termos energéticos, não é algo percebido só por mim. Na verdade, converso com centenas de pessoas a respeito do assunto. É muito comum que alunos me escrevam ou telefonem depois de uma aula e me digam da euforia proporcionada pela experiência, só para chegar em casa e desabar num colapso, 48 a 72 horas depois. Isso não acontece porque alguém esqueceu o foco do seminário. Na verdade, ocorre porque, apesar de positiva, a experiência de aprender algo novo (especialmente em minha aula) exige muita energia e requer tanta atenção elevada que a vitalidade básica da pessoa pode ser drenada.

A vida cotidiana, principalmente naquelas situações que exigem mudança, mesmo quando positiva, pode nos exaurir e sobrecarregar em termos energéticos, de maneira que devemos estar conscientes dos meios para restabelecer a energia se formos verdadeiramente amorosos conosco.

Uma das melhores e mais naturais maneiras de reequilibrar e restaurar a vitalidade e retornar à ativa depois de um dispêndio energético é descansar. Quando dou ou compareço a um workshop, tento tirar um minicochilo ou fazer uma rápida pausa para meditação no almoço, quando possível. Isso restaura imensamente minha energia e revivifica meu Espírito. É uma atitude de amor-próprio e me ajuda a manter-me em equilíbrio.

Também podemos nos reanimar fazendo algo divertido, como assistir a um filme, telefonar para um bom amigo e bater um papo por alguns minutos, tomar um banho com sal grosso ou ir a algum maravilhoso restaurante onde a equipe da casa seja atenciosa e a comida cheia de sabor e tempero. Existem maneiras incontáveis de reenergizar e amar o Espírito.

Ser sensível ao pedágio que a vida cobra de você e permitir-se amorosamente ajustar e equilibrar essas exigências é uma atitude vital de amor-próprio. Quando você não registra o custo energético de sua vida diária, falha em reequilibrar e reabastecer de combustível seu Espírito, o que conduz ao ressentimento, à depressão e à exaustão. Na verdade, creio que a negligência em renovar o Espírito é um dos maiores culpados das epidemias de fadiga crônica, fibromialgia e síndrome de Epstein-Barr (mononucleose). Simplesmente o Espírito está sobrecarregado e não lhe é dado tempo adequado para se renovar. Isso é verdade em especial na sociedade ocidental, em que somos forçados a ir além dos limites, todos os dias.

Não precisamos de uma crise para justificar uma pausa. As interações de todo dia, principalmente quando voláteis em nível emocional, podem ser muito desgastantes para o Espírito. Eu, por exemplo, tenho uma amiga querida que cuida dos dois pais velhinhos. É muito chegada a ambos e faz questão de passar o tempo com eles pelo menos duas vezes por semana, só para ver se está tudo bem e continuar envolvida em suas vidas. Além disso, porque ainda são independentes, mas decaem de maneira considerável, ela também faz as compras, se incumbe de tarefas, supervisiona as finanças e tenta tirá-los de casa para se exercitarem e se divertirem. Ela gosta de fazer isso por eles e é grata de que ainda gozem de boa saúde. Contudo, em razão de serem idosos, eles teimam em fazer as coisas do jeito deles, tendendo a se tornarem mal-humorados e inflexíveis, tanto com ela como um com o outro. Assim sendo, ficar com eles é um desafio.

Embora minha amiga valorize o tempo com os pais, quando chega em casa, sente-se cansada, esgotada, "destruída". E não é porque não queira estar com a mãe e o pai, ou ajudá-los. É que, mais precisamente, quando os visita, minha amiga faz tudo que pode para ser sensível, paciente, imparcial e amorosa, não importa o que seus pais digam ou façam, e isso exige energia.

Antes de perceber como eram desgastantes essas interações para seu Espírito, ela voltava para casa e descobria que em pouco tempo estava reativa demais, crítica demais, nervosa ou impaciente com o marido e os filhos. Sentindo-se envergonhada e constrangida com o próprio comportamento, ela se deu conta de que todas as boas vibrações que tinha esperado criar saíam pela janela. Começara a atacar seu Espírito com autocríticas e autodepreciação de todas as maneiras.

Conversamos, recentemente, sobre essas frequentes perdas energéticas e ressaltei que ela não se dava tempo para renovar seu Espírito entre as visitas, e esse era o motivo pelo qual estava tão reativa quando voltava para casa. Seu Espírito rodava no vazio quando ela voltava depois de passar algum tempo com os pais, e precisava apenas de um pouco de descanso e revigoração e de um pouco de afeto e carinho para devolver-lhe o equilíbrio. Se se permitisse isso, seriam maiores as chances de não ser ríspida com sua família e cair no círculo vicioso de culpa e esgotamento.

Relembrei-a de que embora fosse maravilhoso ficar com os pais, fazer isso dava trabalho, e sugeri que se permitisse algum tempo sozinha para regenerar-se depois de cada visita. Também propus que pedisse ajuda aos outros membros da família, talvez na forma de uma massagem no pé ou alguns minutos sem ser perturbada num banho de espuma quando voltasse para casa, para auxiliá-la a reabastecer seu Espírito de combustível. A princípio, ela pensou que tais sugestões eram exageradas e autoindulgentes, como as que o ego tantas vezes faz. Sentiu que era uma coisa um pouco ao gosto do grupo de terapia do "toque mútuo" para sua autoimagem e rejeitou a ideia na mesma hora. Contudo, depois de discussões repetidas e confrontos mesquinhos com os familiares, após suas visitas aos pais, ela repensou a sugestão e resolveu tentar.

Tornou-se mais sensível ao seu Espírito; pediu à família para sair para jantar sozinha nas noites em que estava com a mãe e o pai; e voltou para casa para encontrar um lar tranquilo, um banho quente de espuma e se deitar cedo. Com essas opções, o esgotamento e os conflitos terminaram.

Cuidar de seus pais começou a ser a experiência amorosa que ela desejava, e sua família gostou de lhe dar apoio, proporcionando-lhe um pequeno espaço para ficar sozinha depois. Ela descobriu o poder do descanso e da regeneração e não mais se sentiu culpada por isso. Os resultados simplesmente eram positivos demais para serem negados. Seu Espírito ficou agradecido, e sua vida melhorou em todos os aspectos.

O segredo para manter o Espírito em equilíbrio é reconhecer a necessidade de descanso e regeneração todo dia e não abordar o fato com uma atitude de "se necessário". De preferência, planeje sua recuperação energética com antecedência como parte de um estilo de vida amoroso, e espere com prazer esse momento de tranquilidade. É bom para seu Espírito, e também é bom para o dos outros com quem convive. Amar e vivificar seu Espírito faz que os outros percebam que isso é importante também para eles.

Outra noite, minha filha chegou em casa de seu quarto encontro muito ardente e bem-sucedido (segundo ela) em apenas quatro noites com um novo namorado, contando que encostara acidentalmente a canela nua no cano do escapamento da motocicleta do rapaz, quando desmontava. (Sim, ela estava numa motocicleta. Não, não, eu não aprovei – mas isso é outra história.)

Ganhou uma feia queimadura na perna e precisou passar por muitos cuidados para tratá-la e evitar que infeccionasse. Nada surpreendente, do ponto de vista energético, que esse contratempo tenha provocado uma pausa em seu namoro com o rapaz. A queimadura também resultou em muito amor e preocupação exagerada por parte de sua protetora família-coruja (nós) e lhe deu uma desculpa concreta para diminuir os encontros futuros com o novo namorado para um ritmo mais administrável. A queimadura não tão insignificante assim contrabalançou o "namoro ardente" e ajudou-a a recentrar-se. Claro, tudo isso foi num nível inconsciente e não planejado... contudo, o Espírito encontra meios de se cuidar. Não sugiro que queimar a perna tenha sido um ato intencional de amor-próprio. Porém, por baixo do "acidente", tenho certeza de que havia uma necessidade para seu Espírito de recuperar as imensas quantidades de energia que ela dispendera com aquele novo rapaz num curto espaço de tempo, e o incidente proporcionou um modo conveniente de fazer isso. Embora dolorosa, a queimadura ajudou, inadvertidamente, a reequilibrar sua energia e trazê-la de volta ao seu eu. Ela diminuiu o ritmo, os dois trocaram os encontros na motocicleta por outros, num carro emprestado, e o passo mais lento mostrou-se evidentemente mais confortável para minha filha, como pude ver por seu comportamento.

Sei que isso pode parecer um exagero para pessoas não acostumadas a examinar a vida sob um nível energético, como eu faço, mas se você parar e avaliar com objetividade suas próprias experiências de vida, tenho certeza de que também perceberá as tentativas inconscientes de seu próprio Espírito para reequilibrar as energias quando sentir-se extenuado. Isso pode parecer em algo semelhante a uma coincidência, como pegar um resfriado e ficar de cama depois de ajudar seu melhor amigo a mudar durante o fim de semana inteiro; machucar as costas depois de trabalhar cem horas numa semana; ou, conforme sou conhecida por fazer, ir de loja em loja numa jornada de compras sabendo que é difícil me controlar depois de uma agenda particularmente rigorosa de workshops.

Minha intenção aqui é apontar que a alma tenta mesmo restaurar a energia de seu Espírito de alguma maneira. Em vez de chegar a um ponto crítico que exija intervenção dramática por parte de seu Espírito, é muito mais autoperceptivo e amoroso de sua parte dar-se plena liberdade e permissão para recuperar-se de maneira consciente, e planejar isso com antecedência. Então, sua recuperação será livre de sofrimento, e seu amor-próprio continuará intacto.

Exercício simples: Meditar

Se estivesse no meio de um deserto muito quente e seco e ficasse morrendo de sede, você hesitaria em parar e beber água se percebesse por perto um oásis? Claro que não. Na verdade, é provável que fosse querer ficar ali mesmo e ter água todo dia. Sei que eu haveria de querer.

Bem, isso é o meditar para o Espírito: uma bebida fresca, refrescante, da fonte da vida, disponível para qualquer um, em qualquer parte, a qualquer hora, que esteja disposto a desviar a atenção da ardente intensidade de fazer parte da condição do ego humano.

A meditação é gelada, renovação e rejuvenescimento para o Espírito, um período de férias para o ego e para o corpo também. Quando você medita, seu Espírito se apresenta a Deus, seu Criador, fonte para a satisfação de todas as suas necessidades.

A beleza da meditação é que não existe nenhum jeito certo de fazê-la: existe simplesmente o seu jeito. A mente o desencoraja a meditar, fazendo você acreditar que é algo possível apenas para um iogue e que só é legítimo se você conseguir silenciar sua mente a ponto de tornar-se quase inconsciente.

Essas ideias podem impedi-lo de tentar. Seu Espírito sabe que não é bem assim. A meditação é simplesmente um passeio com Deus. Você entra nela através da imaginação e, uma vez lá, pode acompanhar o Divino por qualquer parte que quiser. Pode passear com Deus ao longo de uma praia de areia imaculada ao nascer do sol; através de uma floresta verdejante e terrena e para dentro de uma clareira mágica; para o pico de uma montanha maravilhosa dominando um antigo vale; ou para uma estrela distante. Ou pode simplesmente convidar Deus para juntar-se a você para uma conversa ao pé do fogo em seu esconderijo, se não estiver a fim de ir muito longe.

Enquanto passeia com Deus, imagine que conversa com Ele. Diga a seu Criador tudo que atribula seu coração. Descarregue tudo, já que Deus sabe de tudo, de qualquer jeito e, portanto, não há necessidade de se conter ou ocultar algo. Leve o tempo que quiser para livrar-se dos fardos que carrega. Respire suavemente enquanto compartilha suas preocupações, aproveite o passeio e confesse seus problemas. Então, depois de esvaziar o coração e que não houver mais palavras a dizer, continue a caminhar com Deus em silêncio. Ou, se estiver desfrutando de um bate-papo à beira da fogueira, assim que terminar de revelar seus fardos, apenas observe o fogo com Deus. Desfrute do silêncio e do cenário. Saboreie a sensação de estar perto e conectado com Deus. Enquanto caminha, imagine que seu Criador o abraça amorosamente. Imagine-se envolvido nos braços de Deus.

É possível que Deus possa romper o silêncio e aconselhá-lo durante seu passeio meditativo, mas, por outro lado, Ele pode simplesmente amá-lo, apenas disso. Fique bem com qualquer que seja o desenlace. Apenas aproveite o fato de estar na vibração amorosa e na presença curativa de Deus.

Caminhe pelo tempo que desejar e, quando seu Espírito estiver repleto da presença de Deus, retorne com Deus até a porta de sua imaginação. Agradeça ao Criador pela presença e amor, e recue pela porta e para dentro do tempo presente. É isso. Você meditou. Vê? É simples.

Alguns dias você caminhará mais longe com Deus que outros. Apenas tenha certeza de passear ou encontrar com Deus todo dia, porque isso restaura e energiza o seu Espírito. Se for até a porta de sua imaginação para meditar com regularidade, especialmente sempre na mesma hora, Deus saberá quando estiver chegando para vê-Lo e o esperará para lhe dará as boas-vindas com um abraço franco e amoroso, no momento em que você cruzar o limiar.

Valorize seu tempo na presença de Deus. Proteja-o e não permita que seu ego o distraia ou roube esse tempo arranjando desculpas; sobrecarregando sua agenda; deixando o mundo lá fora vir em primeiro lugar; ou que desvie você do caminho, levando-o à tevê, ao telefone ou ao computador. Seria debilitante perder esse tempo com Deus, tanto como se afastar para longe do oásis, de volta ao deserto seco sem nenhuma substância.

Se ainda estiver incerto a respeito da meditação e preocupado com seu sucesso, aquiete seu ego ajudando-o com isso. Faça um curto passeio imaginário com Deus em volta de seu quarteirão ou pela vizinhança. Você pode aventurar-se mais na companhia de Deus se ficar mais à vontade. Apenas lembre-se de manter as coisas simples. A intenção é conectar-se com sua fonte... beber do oásis do amor divino no deserto seco das preocupações do ego.

Interlúdio
O âmago da questão

Aqui, no coração do livro, faremos uma pausa das lições e exercícios de amor-próprio e da autêntica vivência espiritualizada, para nos concentrarmos em como engajar plenamente o coração. O amor é decomposto em quatro expressões básicas do verdadeiro Espírito, correspondendo às quatro câmaras do coração: o coração aberto, o coração lúcido, o coração sensato e o coração corajoso. Nesta seção, você aprenderá como remover quaisquer obstáculos para experimentar o mais profundo grau de amor por seu Espírito Divino e, com isso, conquistar a paz interior.

Tenha um coração aberto

Para amar-se e vivificar seu Espírito, você precisa ter um coração que esteja aberto. Quando tem, você é receptivo ao amor e à bondade de Deus e da vida. Veja, sinta e atraia o positivo no mundo. Conecte-se com o Espírito da vida, não com seus dramas.

Você não pode experimentar amor de qualquer espécie, seja do eu ou de qualquer outra maneira, se o coração não estiver aberto, pois é somente o coração aberto que lhe permite receber, sentir e experimentar o amor de Deus, da vida e dos outros. Como um Ser Divino, você, como todos os demais, nasce com o coração aberto de uma meiga e indefesa criança. É o coração que espera que a vida seja uma experiência positiva, maravilhosa.

O coração aberto anseia por viver. Delicia-se com a experiência e desfruta das maravilhas e da dádiva de estar vivo. Esse coração cheira as flores da vida, bebe seu leite batido com sorvete e brinca em seu parquinho. O coração aberto enxerga, sente e absorve a beleza do mundo.

Se o seu coração estiver fechado, você se aparta de toda a bondade da vida. Nesse estado, não tem condições de conectar-se com seu Espírito nem é capaz de desfrutar da beleza ou da música ou do riso ou do amor. Se o coração estiver fechado, você não pode sentir ou experimentar nenhuma das doçuras que a vida oferece, e isola-se em seu ego.

Uma amiga minha descreveu uma pessoa de coração fechado como alguém que olha as vitrines espiando a fantástica beleza da vida através do vidro: você pode conseguir vê-la, mas não pode tocá-la ou experimentá-la por si mesmo. Está trancado do lado de fora.

Como eu disse, todos entramos para a vida com um coração aberto e uma conexão direta com nossa Fonte, o Santo Deus Divino Mãe/Pai. Infelizmente, logo começamos a experimentar a confusão do ego humano e o sentimentos que produz, como a raiva, a crítica e a desaprovação. Isso que faz que nos desconectemos de nosso Espírito e fechemos nossos corações. A consequência é sofrimento, desapontamento, e danos, os quais, por sua vez, provocam pânico em nosso ego, fechando ainda mais nosso coração. Ficamos presos a um círculo vicioso de aflição.

Aos olhos do ego, sempre haverá um milhão de razões para fechar o coração. E, no momento em que fizer isso, você se desconecta de sua Fonte, do amor Divino. Fechar seu coração, por qualquer razão que seja, é como pegar uma flor do jardim e colocá-la numa gaveta. Não importa como seu ego justifique essa atitude, você nega todo amor e proteção de Deus, da vida e dos outros, dos quais precisa para crescer. Essencialmente, sentencia seu Espírito à morte lenta.

Eis por que manter aberto o coração é um dos mais importantes – e talvez o mais desafiador – passo em direção ao se amar e vivificar o Espírito. Você precisa manter um coração aberto de forma que mantenha um relacionamento próximo e receptivo com tudo que nutre e dá suporte ao Espírito, não importando os desapontamentos. Só um coração aberto presume que as dádivas da vida fluirão para você. Só um coração sustenta sua alma de todas as maneiras.

Para manter esse estado, você precisa apenas tomar uma simples decisão: esperar boas coisas. Quando o faz, reivindica seu direito, como um filho Divino e amado de Deus, de ser maravilhosamente provido e nutrido na vida, não importa como se desenrole. Quando espera boas coisas, vocês as atrai. Esse é o plano Divino natural.

Meu irmão Anthony teve sua justa parcela de desafios na vida, algumas muito dolorosas, e, no entanto, continuou com o coração aberto e sempre esperou que boas coisas surgissem em seu caminho.

Um dia, por volta do horário de almoço, Anthony estava sentado na varanda da frente com sua namorada, quando ela virou-se para ele e disse:

– Estou com fome – sugerindo que pedissem um hambúrguer. Não tão interessado na sugestão, ele declinou, dizendo:

– Não estou com vontade de comer hambúrguer novamente. Estou com vontade de algo delicioso, com sabor e tempero verdadeiros.

Nem bem tinha pronunciado as palavras, ambos perceberam um rapaz vestido com uma jaqueta e chapéu de *chef* caminhando naquela direção, carregando uma travessa coberta nas mãos. Sorrindo, meu irmão perguntou:

– O que você tem aí?

O rapaz retribuiu o sorriso e explicou que era aluno da escola de culinária que abrira a um quarteirão de distância.

A travessa que carregava era um novo prato que inventara aquele dia. Meu eternamente curioso (e perpetuamente esfomeado) irmão quis saber então:
– O que é?
– É camarão com açafrão sobre arroz. Muito temperado e cheio de sabor – respondeu o rapaz.
Sem perder tempo, meu irmão indagou:
– Podemos experimentar?
– Claro – respondeu o rapaz, surpreso, mas evidentemente contente com o interesse. Aproximou-se dos dois e estendeu a travessa, perguntando:
– Importam-se se eu ficar por perto para ver se gostam?
– Claro que não – eles responderam, rindo. – Entre.
O homem então os acompanhou até a cozinha e serviu a refeição como se estivessem sentados num restaurante fino. Não só a comida era deliciosa, mas foi servida com estilo. Meu irmão riu quando me contou a história, empolgado com sua boa sorte e a deliciosa sincronicidade do Universo. E eu não pude deixar de pensar, no entanto, que ele recebera um banquete tão notável porque seu coração era aberto o bastante para dizer olá e perguntar ao rapaz o que carregava.
É assim que funciona. Se seu coração estiver aberto e você esperar o melhor, o Universo vai ao seu encontro no meio do caminho e enche sua vida de surpresas maravilhosas, como fez com meu irmão e a namorada dele naquele dia.
Mesmo durante a noite mais sombria da alma, a opção mais amorosa e curativa que você pode fazer para si é manter seu coração aberto e esperar que algo bom venha das suas dificuldades.
Tive uma cliente, anos atrás, uma adolescente problemática e desregrada, envolvida com drogas pesadas. Aos 17 anos, perdera a família inteira num incêndio e de repente estava sozinha, sem teto e emocionalmente devastada além do que

podia imaginar. Embora lhe custasse um pouco reconquistar o prumo emocional, ela percebeu, enfim, que precisava fazer uma escolha: continuaria a chafurdar na autopiedade e na dor e espiralar para mais fundo ainda, ou honraria tudo que sua família lhe ensinara antes de morrer utilizando a experiência da adversidade para crescer como pessoa. Embora nunca desejasse uma perda tão terrível para alguém, isso a ajudou, da forma mais sofrida, a se tornar mais forte.

Com essa percepção, passou da adolescente egoísta, desconcentrada, usuária de drogas, para a aluna dedicada, esforçada, com uma missão. Abandonou todas as drogas, arranjou um emprego; estudava e trabalhava sete dias por semana. Encontrou motivação e resolveu que realmente deveria honrar tudo o que recebera da família fazendo algo que valesse a pena na vida. Finalmente, formou-se no ensino médio, entrou direto na faculdade, manteve seu emprego e devotou o tempo livre para trabalhar no centro de aconselhamento de alunos, ajudando os colegas jovens a superar as perdas e os desafios. Considerando que antes do incêndio seu coração estava fechado e ela não se importava com nada além de suas próprias questões de adolescente, agora ela abrira o coração e sentia-se estimulada, rumo ao objetivo de ajudar quem sofresse. Isso levou um longo tempo, e é justo dizer que ela ainda tem seus dias ruins.

Quando conversamos pela última vez, perguntei como ela conseguira lidar e superar a perda tão devastadora. Sua resposta foi simples:

– Eu precisava acreditar que algo bom viria dessa perda, precisava manter meu coração aberto para isso. Caso contrário, definharia de pesar. Ser útil aos outros é bom para mim. Agora, valorizo a vida e não pretendo desperdiçá-la nunca mais.

É um desafio manter o coração aberto quando o mundo o machuca, mas fechá-lo nessas ocasiões é bem mais doloroso que qualquer coisa que a vida lance sobre você. Fazer isso é separar-se da existência. É a morte, a autodestruição espiritual e a mais dolorosa de todas as escolhas que você poderia fazer algum dia.

Minha cliente Robyn fechou seu coração em tenra idade e sofreu as consequências a vida toda. Era a quarta filha de uma família de sete e, quando estava com 14 anos, a mãe recebeu o diagnóstico de câncer de mama e morreu onze meses mais tarde. O pai ficou tão devastado pela morte da esposa e pelas necessidades da família que se voltou para o álcool, tornando-se deprimido e violento, o que deixou Robyn arrasada.

Aos 16 anos, absolutamente desanimada, mudou-se de casa, abandonou a escola e começou a trabalhar como garçonete no restaurante da cidade. Resolveu, seguindo-se à morte da mãe e ao terrível declínio do pai, que nunca permitiria que alguém a magoasse outra vez. Fechou seu coração e desligou-se do mundo. Embora trabalhasse com afinco e fosse reconhecida em seu emprego, não tinha nenhum amigo e poucas escapatórias para sua afeição, a não ser seu cachorro, um pastor-alemão chamado Foxy.

Seus irmãos tentavam periodicamente fazer contato com ela, mas Robyn os afastava. Na época em que tinha 25 anos, eles simplesmente desistiram dela e seguiram em frente. Robyn tornou-se cada vez mais solitária e zangada, mas se recusava a abrir seu coração e arriscar a sorte de deixar entrar em seu coração um amor de algum tipo.

Quando nos conhecemos, ela estava com 34 anos. Fora me procurar porque ouvira falar de meu trabalho numa entrevista de rádio e queria saber se sua vida algum dia seria melhor. Quando chegou, estava na defensiva e cheia de suspeitas, por dentro, extremamente machucada pela vida. Expliquei que seu coração estava fechado devido ao trauma sofrido, mas que, a menos que o abrisse outra vez, ela continuaria separada da vida e de todas as coisas boas que a vida tinha a oferecer.

Apesar de reconhecer que fechara o coração, não havia meio de ela querer arriscar-se a abri-lo novamente. Embora fosse solitária e quisesse sentir-se melhor, não estava disposta a assumir o risco de ser magoada ou desapontada mais uma vez. Eu lhe disse que o amor tentava encontrá-la, e ela admitiu que havia um rapaz com quem trabalhava que tentara várias vezes chamá-la para sair, mas ela se recusara. Encorajei-a a repensar a decisão, e ela me disse que levaria meu pedido em consideração.

Robyn terminou saindo com o rapaz, e eles iniciaram uma relação. O rapaz apaixonou-se por ela e a pediu em casamento, mas, com medo de ser magoada, recusou. Era muito arriscado abrir-se assim tão profundamente. O rapaz tentou fazê-la mudar de ideia durante um período de dois anos, mas sem sucesso. Ela não conseguia superar seu coração fechado. Por fim, ele desistiu e deixou-a por outra mulher. Da última vez que a vi, Robyn estava mais zangada e mais ferida que nunca, e disse que deveria saber que ele não era de confiança.

Senti-me triste por ela. Seu coração fechado expulsara a oportunidade de experimentar o amor. Não vi Robyn depois disso, e penso nela às vezes. Gostaria de poder dizer que tinha certeza de que ficaria bem. Rezo para que algo possa reabrir seu coração um dia. Sem um coração aberto, não há como a vida melhorar. Com o coração aberto, sempre melhora.

Basicamente, o coração aberto é como o da Criança Divina – o coração de seu Espírito –: confia que o Universo o ama e o proverá, cuidará dele, o protegerá e o nutrirá enquanto cresce. Esse coração relaxa e aprecia a vida

O coração aberto é um portal para o Céu e o portão para seu Espírito adentrar seu corpo. É o mais poderoso centro que você tem. Portanto, ame-se e vivifique seu Espírito, sempre mantendo seu coração aberto para as dádivas do Universo. Espere coisas boas da vida, mesmo quando os desafios são avassaladores. Deus tem um plano, e coisas positivas estão sempre guardadas para você, mas lembre-se de que só pode recebê-las se seu coração estiver aberto.

Li, certa vez que: "As coisas funcionam no final. Se não funcionarem, não é o final". Portanto, até o fim, mantenha seu coração aberto e espere coisas boas.

Tenha um coração lúcido

Além de ter um coração aberto, outro aspecto essencial do amor-próprio é ter um coração lúcido. Se o coração aberto é como a Divina Criança interior, considere o coração lúcido o Divino adulto interior.

Ter um coração lúcido significa afastar-se da confusão e da bruma do drama e da autopiedade e olhar a vida sem preconceitos. Um coração lúcido permite que você se envolva com a vida com objetividade e razão. Quando seu coração é lúcido, você não encara a vida do ponto de vista pessoal. Quando não é, é muito difícil amar-se porque você está muito ocupado sendo vitimado e abusado pelos outros... e sofrendo com isso.

Um cliente chamado Ted, absolutamente atormentado, foi me procurar para que eu lhe fizesse um aconselhamento. Com dez anos de casado, sua esposa submeteu-se a uma cirurgia de derivação gástrica e emagrecera 56 quilos. Porém, em vez de lhe fazer bem, logo depois começou a manifestar compulsão de outras maneiras, ingerindo bebidas e tomando medicamentos em vez de comer demais. Da esposa estável, embora obesa, e mãe de dois filhos, transformou-se numa festeira cinco noites por semana; mal conseguia encontrar o rumo de casa de tão exausta.

Ted sentia-se muito mais que furioso e traído.

– Dei apoio à cirurgia, tomei conta das crianças enquanto ela se recuperava, e fui um excelente marido. Como ela pôde fazer isso conosco? Com nossos filhos? Comigo?

Sua vida estava de repente em frangalhos, e o sofrimento era visível, e seu coração não estava lúcido, porque enxergava o comportamento da esposa como algo pessoal, tomando-o como uma rejeição a ele ou como uma falha de sua parte em ser um bom marido. Afinal, se ele fosse bom o bastante, ela o amaria o bastante para não ser tão autoindulgente, certo? Errado.

Ted, com seu coração nublado, confuso, não foi capaz de entender, mesmo antes da cirurgia, que sua eposa era muito viciada e fora de controle e esse comportamento não tinha nada a ver com ele. A menos que conseguisse enxergar isso, sua personalização dos vícios da esposa só pioraria. Não conseguiria amar-se, quanto mais à esposa e aos filhos, a menos que seu coração clareasse. Os conflitos dela não tinham nada a ver com ele, e por isso mesmo ele não poderia resolvê-los. Felizmente, as brigas o levaram para o aconselhamento, onde lentamente seu coração começou a clarear. Então, um dia, ele me disse:

– Por muito e muito tempo, resisti em limpar meu coração dos problemas de minha esposa. Extraía algum tipo de prazer doentio em acreditar que tinham a ver comigo. O que acontecia?

Eu sabia o que acontecia. Cometi o mesmo erro, quando me culpei pela infidelidade de um ex-namorado, embora soubesse que esse era o padrão de seu modo de agir também com as namoradas anteriores. Fiz isso quando pensei que deixaria meu marido feliz dando sugestões, não solicitadas, de que ele mudasse o rumo da carreira só para ficar impaciente e frustrada quando a reação dele foi não gostar de minhas "boas" ideias. Repeti o erro também quando fui superzelosa em ajudar minha irmã mais velha a encontrar a faculdade certa, interferindo em seu estilo e depois me sentindo não apreciada quando ela rejeitou minha ajuda.

Você não consegue ter um coração lúcido pelo ego, porque essa parte de você fica no caminho e impede o Espírito de levá-lo a um terreno mais alto. Para ter acesso a um coração lúcido, você precisa se negar a ser vítima do comportamento de alguém. Assim que consegue, seu coração automaticamente começa a clarear.

Você começa a entender que seu chefe age como um grosseirão porque é inseguro, não porque você faz um trabalho ruim. Reconhece que seu filho está bravo e defensivo porque negligencia as próprias responsabilidades e não porque você é um pai ou mãe ruim. Compreende que sua vizinha é brusca e rude porque não se sente bem e não tem um plano de saúde adequado, não porque se ressente de você.

Ter um coração lúcido é uma escolha de um enorme amor-próprio porque o livra de absorver o sofrimento dos demais e o deixa usufruir de sua paz.

Ter um coração lúcido é simples:

1. Não leve nada para o lado pessoal. Seja lá o que alguém fizer ou não fizer, não tem nada a ver com você.

2. Não seja uma vítima. Lembre-se de que não se pode controlar os outros, mas pode escolher como reagir a eles.

Assim que o coração de Ted voltou à lucidez, ele escolheu divorciar-se da esposa, procurar aconselhamento para si e assumir a custódia dos filhos em tempo integral. Era o único caminho para amar a si e a seus filhos e, ironicamente, a sua esposa. Quando parou de reagir e viu pela primeira vez o quanto ela sofria profundamente com os vícios, ele se viu desligado e compadecido dela. Enfrentaram um divórcio bastante confuso e cheio de brigas, mas até mesmo isso ele não levou para o lado pessoal. Agora que estava do outro lado do casamento malogrado, conseguia enxergar o quanto suas próprias inseguranças o arrastaram para alguém preso a vícios.

Um coração lúcido é um coração criativo. Quando o seu está lúcido, você pode enxergar conexões sutis e relacionamentos ocultos. Começa a entender o que realmente acontece com as pessoas e pode, por isso, fazer opções melhores a respeito de como deseja reagir. Remove o caos e o drama que a vitimação traz consigo. Com um coração lúcido, você toma de volta seu poder de escolher e criar.

Limpar seu coração é simples. Basta mudar a pergunta "Por que isso acontece comigo?" para "Por que isso acontece?", "Qual é a relação causa e efeito, escolha e resultado?", ou, melhor ainda, "O que posso aprender com isso?".

Avalie, em vez de reagir. Desligue-se do drama e enfrente seus desafios com objetividade. Isso não implica que não possa sentir nada. Sentimentos são bons e o informam sobre as escolhas que pode fazer. Quando você se sente mal, existe algo a aprender. Se, por exemplo, se sente deprimido, sabe que pode precisar tomar um cuidado maior com sua saúde ou que ignora suas necessidades. Se se sente zangado, sabe que não respeitou seus limites e precisa examinar onde deixa os outros pressioná-lo. Se se sente irritado ou impaciente, sabe que algo acontece de maneira infundada ou pouco clara ou, talvez, nada confiável.

Os benefícios de um coração lúcido são muitos. É o coração que reduz o estresse, aumenta a vitalidade e restaura a energia. Quanto mais lúcido estiver seu coração, menos extenuante a vida se torna. Também é o coração que outorga e restaura a criatividade. Se seu coração estiver enevoado e confuso, você não consegue encontrar seu caminho para uma solução. Fica apenas girando em círculos de "sofrimento". Embora a autodramatização seja sedutora para o ego, é, na verdade, uma perda de tempo.

Nada positivo ou bom resulta de um coração enevoado, confuso; e nada obscurece e interrompe mais depressa e inteiramente sua capacidade de se amar que o medo. No minuto em que sentir medo, o coração fica enevoado e a confusão se estabelece.

Descobri, contudo, que não precisamos superar o medo para ter um coração lúcido. Precisamos simplesmente reconhecê-lo quando aparece e identificar sua presença. Para mim, a grande revelação é que não é o medo em si a causa da autoagressão, mas muito mais o esforço para escondê-lo ou negá-lo.

Ter medo é normal, especialmente quando enfrentamos o desconhecido. Eu, por exemplo, me lembro da noite anterior à que eu deveria apresentar um seminário que duraria um dia inteiro em Sydney, na Austrália. Senti-me tensa e ansiosa o tempo todo. Dormi durante a tarde e mesmo assim me percebi inquieta e ligeiramente irritada. Então, de súbito, ocorreu-me a razão de me sentir tão fora dos eixos: eu sentia medo.

Assim que reconheci o fato, uma constelação completa de temores se desenrolou. Eu estava com medo...

- ... de não conseguir me conectar com a plateia.
- ... de não ser efetiva.
- ... de que minha orientação não funcionasse bem.
- ... de que a plateia não reagisse à minha seleção musical.

Estava com um medo generalizado. Quanto mais reconhecia meus medos, mais começaram a se dissipar e mais claridade retornou a meu coração.

Assim que isso aconteceu, meu coração disse: "Sim, qualquer uma dessas coisas pode acontecer. Não é provável, mas possível. E então, o que fazer? Não seria o fim do mundo".

Era verdade. É possível que eu ficasse constrangida, até mesmo aborrecida. Contudo, não seria nada mais que uma mácula temporária no ego se o pior realmente viesse a acontecer.

Esse pensamento me fez rir. Tantos de nossos temores realmente nada mais são que ameaças aos nossos egos, já inseguros por natureza. Se nos lembrarmos de que somos Espírito, no entanto, ficaremos livres dos melindres do ego. Quanto mais reconhecemos nossos medos, com amor e uma pitada de humor, mais rápido eles desaparecem e, com isso, mais rápido o coração desanuviará.

Agora, existe uma grande diferença entre uma sensação vaga, um medo genérico, e realmente a tensão de se encontrar em perigo. A maior parte do tempo, quando sentimos medo, não há ameaça a qualquer outra coisa além de nossos frágeis egos. Porém, mesmo quando estamos em perigo, é bem melhor reconhecer a presença do medo para que nossos corações clareiem e nosso guia apareça para nos ajudar.

Recordo-me de uma vez, como estudante na França, em que aceitei uma carona de um homem que conheci numa festa. Aceitei porque era tarde para voltar para casa, não havia mais trens, estava frio lá fora e eu não tinha dinheiro para um táxi. Estupidez, eu sei, mas eu era jovem.

No instante em que entrei no carro dele, fiquei com medo, portanto reconheci o sentimento. E, assim que o fiz, meu Espírito exclamou: "Deveria estar apavorada. Esse homem tem más intenções".

Tão logo meu guia me revelou isso, virei-me para o sujeito e disse:

– Oh, nossa, preciso sair do carro agora, ou vou vomitar por todo lado.

O homem ficou espantado e, de repente, vi medo nos olhos dele. Observando o veículo caro e o terno de grife, eu soube por quê.

Quando eu saí, o medo diminuiu e o alívio tomou o seu lugar. Até dei risada quando fui andando para casa, enregelada, mas segura.

Sempre que sentir medo, reconheça-o, seja em voz alta ou para si mesmo. Procure ser o mais específico possível a respeito do que teme. Diga que não sabe por que, se não souber. Perceba como, à medida que você segmenta mais seu medo, mais claro seu coração se torna. Assim que estiver bem claro, pergunte a seu Espírito: "Isso é uma ameaça real ou imaginária?". Escute a resposta. Se for real, peça ao coração lúcido para guiá-lo depressa para a segurança; se for imaginário, peça para afastá-lo. Quando mais vezes e mais depressa você confrontar o medo, mais cedo seu coração clareará e permanecerá assim. E um coração lúcido é um coração cheio de amor-próprio, porque ele pode ver e guiá-lo com criatividade para uma solução.

O que obscurece e perturba um coração lúcido são as emoções fortes de qualquer espécie. Seja raiva, obsessão, pesar ou êxtase, ondas poderosas de emoção distorcem temporariamente a clareza do coração e interrompem nossa capacidade de amar a nós mesmos ou aos outros.

Isso não quer dizer que devamos tentar bloquear ou nos distanciar de nossas emoções. Absolutamente. Na verdade, emoções bloqueadas fecham e entopem o coração e nos bloqueiam por completo. Não! É importante sentir todas as nossas emoções plena e totalmente, e reconhecê-las como as mensageiras, informando-nos sobre as experiências de nossa vida. Apenas precisamos reconhecer que nossas emoções são como o clima: as nuvens surgem e – num plano ideal, se bloqueadas – vão embora. Aprendemos com as emoções, porém não devemos agir segundo elas. É melhor esperar até que sua intensidade passe e, então, escolher nossas ações.

Eu, por exemplo, tenho uma cliente chamada Sally, uma mulher passional e criativa, dona de um Espírito brilhante e um temperamento volúvel. Em várias ocasiões, ela se percebeu perdendo a calma com o marido e, no meio da briga, dizendo a ele que queria o divórcio. Assim que a raiva passava e seu coração estava lúcido, ela não sentia desejo nenhum de acabar com o casamento e, na verdade, muitas de suas explosões pouco tinham a ver com o marido, afinal. Infelizmente, ele não sabia disso e, depois de mais um pedido de divórcio leviano, deixou-a e realmente entrou com uma ação de divórcio. O coração distorcido de Sally falhou em reconhecer como suas explosões eram dolorosas para o marido. Ele recusou-se a ficar com ela – o próprio coração do marido se fechara.

Se ela simplesmente esperasse o bastante para deixar as ondas de raiva passar, em vez de agir sob a influência delas, Sally poderia ainda estar casada. Suas declarações impulsivas foram sua ruína, e a machucaram mais que a qualquer um.

O mesmo é verdade para outro cliente, George, que perdeu sua esposa de 35 anos e se descobriu devastado pelo pesar e pela solidão. Embora em meio à tristeza, conheceu uma mulher que emigrara recentemente da Bulgária. Impulsivamente, ele a pediu em casamento, e a mulher concordou. Ele sabia que seu coração não estava lúcido e que era uma má ideia, mas mesmo assim foi em frente. A paixão cega desgastou-se em menos de três meses e o ressentimento assumiu seu lugar. Não foi nada surpreendente que, depois de se digladiarem por três anos, eles se divorciassem. Agora, ele tinha esse desastre para somar ao pesar ainda não resolvido pela morte da primeira esposa.

Deixe suas emoções virem à tona e refluírem, e aprenda com elas, mas não permita que o guiem pela vida. Sempre que se vir preso na turbulência de uma forte emoção, deixe-a fluir e saiba que por fim você se acalmará. Você estará mais bem capacitado a fazer escolhas sólidas, plenas de amor-próprio, quando as emoções estão tranquilas.

Para ajudar a acalmá-las, canalize sua expressão de formas benignas e saudáveis. Escrever um diário é uma maneira maravilhosamente efetiva para acalmar emoções fortes e ajudá-lo a reconquistar o equilíbrio... assim como caminhar, correr, conversar com um amigo, ir à academia, esmurrar um saco de pancadas, dançar, tomar um longo banho quente, gritar com o travesseiro na boca, ou berrar para o vento na praia.

Expresse suas emoções – mas não aja segundo elas. Sejam boas ou más, espere até que estejam claras antes de tomar qualquer atitude. Isso, é claro, exige disciplina, especialmente se você é uma pessoa passional. Contudo, se pensar nisso, é provável que você chegue à conclusão de que algumas de suas piores e mais desastrosas escolhas ou atitudes aconteceram num momento em que você se via sob fortes emoções. É nos espasmos da forte emoção que você é mais crítico e juiz implacável de si mesmo e de todos ao redor.

Quando seu coração está lúcido, você pode sentir seu Espírito e, automaticamente, descobrir um grande sentimento de amor e apreciação por si mesmo. Porém, se ele não está lúcido, você não consegue tocar ou sentir seu Espírito porque seu ego está fora de controle. Saiba que essa emoção passa. Seja paciente e deixe que se vá, como as nuvens de tempestade passando pelo céu. Quando seu coração está lúcido, é muito mais fácil fazer escolhas saudáveis, cheias de amor-próprio e que honrem seu Espírito.

TENHA UM CORAÇÃO SENSATO

Para amar-se, você precisa encontrar a paz. E a maneira de encontrar a paz é tendo um coração sensato.

O coração sensato é aquele que utiliza a razão e vincula escolhas e comportamentos com consciência das consequências e dos resultados. É o coração universal – o aspecto do amor-próprio que vai além do "Eu" pessoal e o enxerga como uma parte do todo maior, da raça humana. O coração sensato o encoraja a ir além do ganho pessoal e a considerar o impacto de suas opções sobre o todo da humanidade. Esse é o coração que exerce o autocontrole sobre o nível egoico – o coração que opta por não beber e dirigir, que se refreia para não gastar demais com os cartões de crédito e que escolhe comida fresca em vez de fast food ao planejar as refeições. É o coração que utiliza lâmpadas que poupam energia.

O coração sensato é aquele que se importa com as consequências de suas escolhas. Esse aspecto do amor-próprio é extremamente subutilizado pela maioria das pessoas, principalmente nas culturas ocidentais. É bem mais popular e sedutor fazer pose e mostrar-se arrogante, cedendo às exigências do ego, do que pensar antecipadamente e ser sensato.

O oposto do coração sensato é o coração tolo, que reage em vez de agir. Esse é o coração que se rende e entrega toda sua genuína força espiritual pessoal aos caprichos e à adrenalina do momento, só para lamentar essas mesmas escolhas presunçosas e os comportamentos egoístas mais tarde. É o coração da reação exagerada.

Aprendi (acidentalmente) a utilizar o coração sensato quando tinha mais ou menos dez anos. Certo dia, caminhando para casa sozinha, voltando da escola, encontrei um grupo de crianças da escola pública que me assustou e me provocou por ser a "garota católica no uniforme ridículo".

Constrangida, com medo e inferiorizada em número, eu não sabia absolutamente o que fazer. Meu eu medroso queria chorar. Meu eu instintivo queria correr. Meu eu corajoso queria brigar. Contudo, meu Eu Superior sabia que nenhuma dessas opções serviria para me proteger ou me livrar da situação difícil. A única opção que restava era ficar calada e não fazer nada – em outras palavras, não reagir.

Olhei meus perseguidores diretamente nos olhos conforme me importunavam, porém conservei uma expressão neutra. Não demonstrei nem medo nem raiva, adotando um olhar muito parecido com o que meu irmão mais velho muitas vezes me respondia quando eu o provocava. Para minha surpresa, funcionou: minha neutralidade e ausência de reação desarmaram meus agressores. Em menos de cinco minutos, eles se cansaram da brincadeira e se afastaram. Continuei parada, imóvel, por mais alguns momentos, enquanto o bando se dispersava e, depois, continuei devagar o meu caminho – ou, pelo menos, até dobrar a esquina e ficar fora da vista. Então, corri pelo resto do trecho até em casa o mais depressa que consegui.

A primeira pessoa que encontrei ao chegar em casa foi o meu irmão mais velho que eu sempre tentava atormentar. Ele ouviu com isenção os detalhes de minha história assustadora: como me recusara a reagir e mostrar meu medo e como, para minha surpresa, meus agressores por fim foram embora.

Sua única resposta foi: "Isso foi sensato"; e depois ele também se afastou. Refletindo sobre o assunto, ele estava certo. Fora sensato segurar a língua, olhá-los nos olhos e esperar pra ver em vez de reagir. Não era algo que normalmente eu fazia. E essa prudência me poupou inúmeros possíveis resultados desagradáveis – salvou-me de me machucar.

Desde então, eu penso com muito sobre a prudência e como ela nos protege e nos serve em todas as situações. Aprendi que para acessá-la precisamos renunciar à necessidade de estarmos "certos", com a verdade, porque se acreditamos estarmos "certos", alguém inevitavelmente estará "errado". Enquanto houver "certo" *versus* "errado", haverá conflito.

Isso não quer dizer que não deveríamos ter moral, valores e convicções e nos agarrarmos a eles. Significa apenas que o que você sente como certo, direito, não é necessariamente certo, direito, para outra pessoa. Respeite essas diferenças de opinião e de perspectiva. Embora seja importante viver com sua moral e orientação íntimas, não é amoroso impô-las aos outros – principalmente pelo uso da força. Agir assim só causará danos.

Ter prudência significa desenvolver uma sensibilidade respeitosa e uma compreensão clara dos direitos das outras pessoas. Simplesmente, considere: "Faça aos outros o que gostaria que fizessem a você". É isso.

Ser sensato significa engolir em seco, aguardar seu tempo, perdoar o momento e responder à situação difícil ou exasperante com amor e não com medo ou raiva. Ter um coração sensato envolve estar no controle das paixões, de não permitir que elas controlem você. Significa canalizar sua agressão ou agressão passiva em ações pensadas, em vez de ficar escravizado por suas reações.

Empregar um coração sensato é mais que simplesmente controlar suas emoções – é também acessar a razão mais elevada para guiá-lo nas situações violentas.

Betty empregou seu coração sensato quando se divorciou de seu marido adúltero, Edward, depois de 13 anos de casamento. Embora estivesse furiosa com as transgressões do marido e às vezes quisesse magoá-lo pela dor que causava a ela, seus gêmeos de sete anos adoravam o pai, e Betty não quis destruir o mundo das crianças ou o relacionamento que tinham com ele. Assim, por mais difícil que fosse para ela, Betty agiu com prudência: perdoou o marido pela traição e nunca falou uma palavra pouco gentil nem para ele ou sobre ele na frente dos filhos durante o processo de divórcio e mesmo depois disso. Manteve os sentimentos sob controle e só os compartilhou com sua terapeuta. Exerceu um extremo autocontrole sobre o ego por amor às crianças e por desejo de ter a própria paz.

Edward, ao contrário, tentou justificar seu comportamento atacando Betty. Depois, tentou minimizar seus atos dando desculpas e a culpando. Depois, levou presentes a Betty e fez promessas a ela. Betty recusou-se com firmeza a reagir. Ele,

103

então, distanciou-se dela e tornou-se confrontador. Mesmo assim, ela continuou calma e desligada, cultivando a sensatez. Disse, simplesmente:

– Eu o amo como pessoa, Edward, mas prefiro não ser mais sua esposa.

Depois de dois anos nessa conduta, o divórcio foi finalizado. No meio disso, Edward pediu perdão a Betty, e ela o perdoou. No final, tornaram-se verdadeiros amigos. Como resultado da prudência de Betty, Edward parou de atacá-la, de culpá-la e, sentindo-se envergonhado de suas ações, admitiu simplesmente que fora muito imaturo para um bom marido.

Durante esse tempo, Betty percebeu que fora muito controladora para ser uma parceira saudável, principalmente com alguém tão imaturo. Ser tão controladora não permitia que o esposo tivesse uma participação maior e genuína no casamento. Ela aprendeu a recuar, admitir suas vulnerabilidades e permitir que os outros se dispusessem a lhe dar apoio. Isso tudo custou muito trabalho emocional de sua parte, mas valeu a pena.

Depois do divórcio, Edward mudou-se para um quarteirão de distância de Betty e continuou intimamente envolvido e comprometido com os filhos. Betty prosseguiu com a terapia e se casou novamente com um homem bem mais maduro, cinco anos depois. Edward e o novo marido tornaram-se amigos, e hoje todos tiram férias juntos.

Isso só foi possível pela capacidade de Betty de ser sensata durante o processo do divórcio, em vez de querer ser a "certa", de estar com a razão. Ela avaliou o quadro mais amplo, em vez de, num tom superior, optar por se mostrar "ofendida" e descontar isso, brigando com Edward ou punindo-o pelo sofrimento.

A maneira de colocar o coração prudente em ação é pela prece e pela fé. Para agir assim, precisamos desistir do controle e render nossa vontade e perspectiva pessoais ao Divino. A prudência é uma dádiva espiritual que está em todos os corações, pronta para ser ativada. Devemos afastar-nos de nossos egos e empregar conscientemente nosso Eu Superior atemporal. A prudência é radicada na ideia de que, no final, todas as vidas vêm e vão; todas as coisas têm um início, um meio e um fim; e apenas aquilo que serve ao Espírito perdura no longo prazo. A prudência é o conhecimento de que, na vida, somente as escolhas que nos levam para mais perto de Deus e da mente Divina têm algum valor. Aquilo que nos afasta da mente Divina é pernicioso – não apenas para nós, mas para todos.

Todo dia nos é dada a chance de sermos um pouco mais sensatos que no dia anterior. Isso se mostra quando alguém nos corta a frente no trânsito, desrespeita ou estraga nossos planos ou nos rouba a paz. Essas oportunidades aparecem cada vez que alguém não faz o que desejamos que faça.

Você pode ser tolo e reagir com negatividade, ter uma explosão emocional e projetar sua indignação descontrolada, mas isso não mudará a outra pessoa e apenas lhe fará parecer ridículo e ficar furioso. Agir como tolo não lhe dá o que quer, mas um coração tolo torna as coisas ainda piores. Faz que aja antes de pensar, ataque verbalmente antes de ponderar sobre as consequências e o torna tão imbuído da certeza de ter razão que o faz sacrificar toda esperança de paz e tranquilidade em prol de um momento temporário de controle.

Recentemente, uma cliente me perguntou como desenvolver melhor um coração sensato. Fez isso porque estava casada, mas amava outra pessoa. Gostava do marido e não queria divorciar-se, mas sentia-se profundamente atraída por outro homem. Não sabia como continuar ligada a ele e ainda ser fiel ao casamento.

Minha resposta foi:
– Faça aquilo com que possa conviver; faça o que lhe traga paz.

Refletindo sobre isso, ela resolveu que não conseguiria conviver com um caso secreto, mas realmente desejava ter o homem que amava. Sua decisão sensata foi apresentá-lo ao seu marido, controlar sua atração sexual e apreciá-lo como um amigo. Por fim, seu marido e o outro homem tornaram-se melhores amigos, permitindo que todos os três convivessem pacificamente.

Em que circunstâncias, no momento, você exercita um coração sensato? Pode ser ao optar por não ligar para a raiva causada pelo motorista que cortou seu caminho. Quando ignora os comentários rudes de seu filho adolescente em vez de começar uma discussão. Ao não responder à crítica gratuita de alguém, em vez de retrucar.

Que escolhas lhe trazem paz? Podem ser: tolerar os erros de seus colegas de trabalho, em vez de ficar aborrecido; escutar seus pais sem ficar na defensiva, optando por respeitar o ponto de vista deles mesmo não concordando com eles.

Quais comportamentos deixam-no feliz consigo mesmo? Quem sabe desistir de uma perspectiva pessoal para ponderar a ideia do grupo, ou perdoar alguém que o deixou na mão e não levar o fato pelo lado pessoal? Pode ser ouvir a reclamação do outro sem ser defensivo ou reativo... Essas são as expressões de seu coração sensato.

Por outro lado, em que situações você sente faltar-lhe a paz? Quando exercita o orgulho em seu lugar? Quando responsabiliza, esbraveja, condena ou se recusa a pedir desculpas ou perdoar, preferindo a indignação justa (de seu ponto de vista)? Nas vezes em que mostra visão curta, cabeça quente, mente fechada e cheio de autoindulgência? Essas são reações espinhosas, que lhe roubam as bases do amor-próprio e desafiam a autoestima e a paz interior.

O coração sensato é aquele do seu velho e antigo conselheiro. É o aspecto de seu Espírito que sabe que, com o tempo, as emoções se acalmam, as paixões diminuem e a clareza retorna. O coração sensato mescla razão e emoção para que você responda tanto com cordialidade como com ponderação. Emprega todas as suas faculdades – sentimento e raciocínio, paixão e razão – e percebe a ação que beneficiará todos, não apenas você.

Um coração sensato sente apaixonadamente, porém age com prudência. Ele o conduz com discernimento e paciência. O coração sensato brota não apenas de sua mais elevada razão pessoal, mas também da sabedoria do tempo – uma dádiva de seus ancestrais ancorada em seu DNA.

Outra fonte de sabedoria disponível é a sabedoria da humanidade. É o aprendizado coletivo que todos temos como seres humanos. A sabedoria é o legado que nossos predecessores passaram a nós. É uma dádiva derivada de seu sofrimento, da sua angústia e dos seus erros – assim como de suas vitórias – colocada à disposição para nos poupar de sofrer.

Para acessar a sabedoria antiga, convoque seus ancestrais, tanto pessoais como coletivos. Pergunte a eles que sabedoria transmitiram a você. Pense nisso.

Tenho um vizinho que vem de uma família siciliana teimosa e orgulhosa. A sabedoria que ganhou deles é a da lealdade, do firme comprometimento e da persistência. Porém, também colheu sabedoria de seus erros, observando o sofrimento que as suspeitas e a estreiteza de ideias lhes custaram. Viu como optaram por sofrer, em vez de permitir que os outros os ajudassem. Observando-lhe os erros, foi sensato o bastante para julgar menos apressadamente, confiar mais facilmente e deixar os outros se achegarem. Tais experiências o iluminaram.

Uma das coisas mais sensatas a fazer é aprender com nossos ancestrais. Podemos estudar o passado, tanto bom como ruim, e levar as lições de nossos antepassados a sério.

107

O coração sensato em todos nós vê a continuidade da vida. Compreende os ciclos e observa como a vida gira em torno de si mesma, um sem número de vezes. Se formos sensatos, reduzimos a marcha, ligamos os pontos, observamos e aprendemos com os outros, estudamos causa e efeito e optamos por ficar em paz, em vez de tentar convencer as pessoas de que temos razão. Ter razão é uma reação subjetiva do ego transitório. Ficar em paz é uma resposta universal do mais profundo Espírito.

TENHA UM CORAÇÃO CORAJOSO

O coração corajoso é o aspecto do Espírito autêntico que se apega às suas convicções, permanece fiel diante do medo, em vez de fugir ou se tornar inconsciente, e valoriza a autoaprovação, não a aprovação dos outros.

O coração corajoso dota-o com a habilidade de dizer não, quando precisa ser firme; faz de você uma pessoa mais convicta daquilo em que acredita, leva-o a enfrentar o ataque sem ceder ou aquiescer àquilo que vai contra seus princípios, sua moral, sua ética ou seus valores. É o coração da energia, e ninguém pode amar-se plenamente e vivificar seu Espírito sem ele.

O coração corajoso é um coração ardente. É aquele que não apenas sente o que é verdadeiro para nosso Espírito, mas que age acima dos sentimentos. Em meus 35 anos de atendimentos particulares, como consultora intuitiva, raras vezes conheci uma pessoa que me dissesse que não sentira o que era certo para seu Espírito. Como Seres Divinos, sentimos mesmo o que é certo. Contudo, isso não é o bastante. Precisamos também agir segundo o que o Espírito sugere, para vivenciar verdadeiramente o amor que o Espírito transmite.

Dei uma pequena aula em Chicago sobre o tema. Quando perguntei aos alunos quantos agiam segundo o que seu Espírito sugeria – como fazer contato com uma nova pessoa por quem estivessem atraídos, iniciar um projeto criativo, mudar de emprego ou seguir outra orientação numa questão de saúde –, pouco mais que a metade ergueu as mãos. Quando perguntei por que, a resposta foi universal: porque ficaram com medo. Parecia que esperavam para se sentirem seguros e confiantes. Não importa quanto amor, aprovação, afeição, segurança ou paz você proporcione ao ego, nunca será o bastante. O ego quer o controle absoluto de tudo que lhe é exterior, e isso jamais pode ser alcançado.

Vários anos atrás, durante uma viagem à África do Sul, recebi uma lição de um coração corajoso que mudou minha vida para sempre. Logo depois de encerrar vários workshops em Johanesburgo, Durban, e Cidade do Cabo, presenteei-me com um safári de três dias pela savana sul-africana.

Primeiro, voei num avião comercial por uma hora de Johanesburgo a um ponto distante, depois tomei outra aeronave menor por mais 10 minutos até uma faixa de terra absolutamente remota e, finalmente, seguimos por terra em veículos até um minúsculo acampamento onde o safári começou.

Poder participar daquela experiência era um milagre, especialmente para mim, a moça de Chicago. Os dias começavam às três e meia e íamos até às sete e meia da manhã, andando pela savana, avistando animais. Voltávamos à savana às quatro da tarde e ali ficávamos até umas sete da noite. Tudo que eu via era extraordinário: as hienas, os elefantes, os rinocerontes e as girafas, todos em seu habitat, eram de tirar o fôlego.

Na última noite, logo depois do pôr do sol, prestes a retornar ao acampamento, houve uma agitada troca de palavras pelo rádio entre meu motorista e vários outros nos veículos na área. Algo notável fora avistado.

Todos corremos para nossos veículos e rumamos para o mesmo local, onde estacionamos e esperamos em silêncio.

Os guias não nos deram nenhuma indicação do que esperávamos. Apenas olhávamos para o escuro e aguardávamos. De repente, emergiu da mata uma leoa conduzindo seus cinco filhotes para a água. Vê-los me tirou o fôlego. No minuto em que estavam perto, todos acenderam seus faróis brilhantes bem em cima deles, e, mesmo assim, nem a mãe nem os filhotes fizeram mais que identificar nossa presença. Ao contrário, a mãe, mantendo a atenção em seu objetivo de conduzir os filhotes para saciar a sede, continuou andando com firmeza sem desviar o olhar, nem para a direita nem para a esquerda.

Quando passou pelo nosso carro, estava tão perto de mim que pude sentir e cheirar seu bafo quente e perceber as profundas cicatrizes em seu focinho, fruto de batalhas passadas. Arrepios eriçaram meus pelos por todo o corpo, conforme ela se afastou. Observei algo mais também: sua intenção poderosa, inarredável, destemida – tão formidável que mantinha os cinco filhotes sob atenção absoluta enquanto ela prosseguia com seu objetivo, numa vibração de tanta clareza, propósito e comprometimento que nada se atreveria a interromper seu fluxo. Enquanto ela passava, de repente incorporei o que em termos vibracionais significava ter um "coração de leão".

Ter uma coragem dessa magnitude só se consegue com um foco inabalável e com comprometimento com aquilo que exige o Espírito. Os leões precisavam de água para viver, e conseguiriam-na. Nada perturbaria isso... e nada se atreveria. Estavam destemidos e resolutos.

Pensei em outros seres semelhantes, destemidos em suas intenções – Gandhi, Nelson Mandela, Madre Teresa, Joana d'Arc – e, de repente, percebi que todos poderiam fazer parte da mesma fraternidade – ou irmandade – dos corações corajosos. Tudo que se exige é um foco inabalável em nosso objetivo. O coração corajoso estabelece o curso e não pergunta, com medo e com dúvida, como alcançar seus objetivos. O "como" se revela à medida que o processo se desenrola. Nelson Mandela não sabia como acabar com o apartheid, porém seu coração estava convencido de que acabaria. Madre Teresa não sabia como cuidaria de tantas pessoas desesperadas, mas resolveu que cuidaria. Gandhi não sabia como libertar a Índia do domínio britânico – o como não era seu foco principal; que isso pudesse ocorrer era sua única preocupação.

Quando sua cabeça, seu coração e seus pés se alinham a intenções mais elevadas, Deus e toda natureza se alinham a você também.

Você cria uma vibração sem rupturas de poder e proteção. Quando tem um coração de leão, você se ama e vivifica seu Espírito. Convoca a Divina chama de Deus, enche seu coração de coragem, ignora os medos do ego e a necessidade de controle, e escolhe ser fiel a si mesmo.

Coragem é o coração em ação, não a hesitação.

- É o coração que minha cliente Jenny deixou em evidência, quando de repente largou a escola de administração de empresas e envolveu-se num curso de design, embora seus amigos e a família protestassem: "Que desperdício!".

- É o coração de John, quando optou por não processar a mulher que rompeu o contrato de compra de sua casa, embora amigos e advogados igualmente gritassem "fraude" e encorajassem a disputa.

- É o coração da criancinha que sorri e cumprimenta o homem sem-teto em vez de desviar os olhos vagos para o outro lado.

Vivificar nosso Espírito exige a fagulha e a chama da coragem. Todos temos um coração de leão. E mesmo, às vezes, nos sentindo como o leão covarde de *O Mágico de Oz*, devemos, ainda assim, permanecer no curso traçado. Fique com medo, mas não desista. Fique preocupado, mas não desista. Fique nervoso, mas não desista. Imperturbável como a mãe leoa na savana, apenas coloque um pé na frente do outro, e os olhos, no objetivo. Não seja indulgente com os "porquês" e "comos" do ego. Confie e mantenha-se firme, e seu Espírito revelará o caminho à medida que prosseguir. Esse é seu acordo Divino.

PASSO 6

Compartilhe seus dons

Este passo visa torná-lo consciente dos belos dons que seu Espírito traz para este mundo. O exercício que se segue encoraja a criatividade como a maneira mais direta de experimentar o verdadeiro senso de propósito. Você descobrirá a riqueza do Espírito em todos os empreendimentos criativos e desenvolverá confiança maior em suas contribuições pessoais para a vida.

A alma de cada ser traz no coração uma imensa gama de dons para compartilhar com o mundo. Alguns desses dons são evidentes, outros não. Contudo, cada um – não importa qual seja – é uma contribuição igualmente importante para o equilíbrio e a alegria do mundo, e é necessário para o todo.

Num grau profundo, sentimos os tesouros alojados dentro de nossos corações, esperando que sejam descobertos e compartilhados. Intuitivamente, sabemos que temos algo com que contribuir, de forma que nos sintamos em paz conosco e estejamos a serviço do mundo. Chamamos a esse anseio por contribuir de "propósito", e dispendemos longo tempo e energia procurando descobrir exatamente que propósito é esse.

A resposta é simples: nosso propósito é olhar profundamente dentro de nossos corações e compartilhar o que amamos. Devemos simplesmente abrir nossa cesta interior de

113

dons, descobrir e compartilhar essas coisas que nos trazem imensa alegria pessoal. É isso.

A mente não quer que esse seja nosso propósito. É muito fácil para seu gosto, e só envolve o coração. Se o ego não estiver envolvido, perde poder e deve recuar – o que, como sabemos, ele não deseja fazer. Assim, para preservar os próprios interesses, o ego nos distrai e ridiculariza, minimiza e critica as coisas que amamos, rejeitando-as como inexpressivas. Partimos numa busca tresloucada para "salvar o mundo" – e, só para validar o ego, devemos ser pagos por nossos esforços também.

Propósito é a parte simples do Espírito que desponta quando seu coração se escancara o bastante de alegria pessoal para ativar o dos outros. O propósito reside nas atitudes amorosas e cheias de alegria do dia a dia, de cuidado e participação, que brotam diretamente do coração e nos entrelaçam a todos como uma família. Propósito não é uma profissão – pode expressar-se em sua profissão, mas não precisa ser seu meio de vida e, com frequência, não é.

Um amigo meu teve um colapso nervoso e sofreu de depressão no começo de seus trinta anos. Desde então, tornou-se incapaz de manter outra coisa além de uns poucos empregos estranhos. Aos 63, não foi um profissional pago ou empregado em parte nenhuma. No entanto, isso satisfaz plenamente seu propósito.

A forma como faz isso é caminhar abnegada e tranquilamente pela vizinhança, sendo um bom vizinho para aqueles ao redor. Faz coisas simples, como pegar a mangueira para regar o gramado ou cortar a grama – não apenas de sua casa, mas a de seus vizinhos também, especialmente quando estão fora da cidade. No inverno, ele troca o aparador de grama pela pá de neve e limpa as calçadas da neve e do gelo, abrindo caminho para os pedestres até o ponto de ônibus ou a estação de trem ou metrô para que possam ir ao trabalho.

Interessa-se por cozinha e, com frequência, prepara fornadas de cookies ou assa bolos de várias camadas. Depois, aparece aleatoriamente em várias outras casas com uma fatia ou duas de bolo ou alguns biscoitinhos quentes na mão, junto com um convite para o vizinho fazer uma pausa e compartilhar de uma xícara de café com ele durante alguns minutos.

Também adora consertar produtos eletrônicos, de modo que aparece para ajudar com a última instalação do programa interativo da tevê, arrumar a linha telefônica ou colocar uma nova tomada no triturador de lixo ou na máquina de lavar para que ninguém precise chamar a assistência técnica. Ele faz tudo isso por um senso de dever? Absolutamente. Faz essas coisas simplesmente porque adora fazê-las. Se você lhe perguntasse se satisfazia seu propósito agindo assim, tenho certeza de que ele diria que não, já que não é pago pelo que faz.

No entanto, se fizer a mesma pergunta aos vizinhos e amigos dele, eles responderiam de uma maneira bastante diferente: "Ele satisfaz plenamente seu objetivo!", afirmariam. Com suas contribuições alegres, comedidas, ele transformou uma vizinhança impessoal da cidade num lugar de entrosamento e comunidade de todos aqueles com quem se relacionou durante os anos. Mais que satisfazer seu propósito, simplesmente compartilhou seu dom de ser um bom vizinho e um bom amigo.

Isso me recorda uma mulher que se consultou comigo durante anos, torturada por ser incapaz de encontrar ou sentir seu propósito neste mundo. Embora fosse também uma boa amiga, membro de família e vizinha, sua mente a convencera por completo de que desperdiçava sua vida porque o emprego de secretária numa concessionária de automóveis era absolutamente vergonhoso em termos de valor.

Convenhamos, o emprego em si não era particularmente recompensador ou incrivelmente satisfatório, mas por ser um trabalho constante a tornava a principal provedora da família,

115

inclusive de três filhos, já que o marido tivera um derrame aos 37 anos e ficara incapaz de desempenhar plenamente seu ofício. Seu dom era a habilidade de compensar a deficiência, ser persistente, proporcionar estabilidade e fazer tudo isso com amor e boa disposição até o último dia em que seus filhos se formaram na faculdade. Seu propósito e amor mantiveram a família intacta, principalmente depois que as crianças sofreram a perda do pai fisicamente apto. Seu emprego era secundário, diante de seu propósito. Ela me disse que limparia banheiros e esgotos de bom grado, esfregaria o chão com as mãos e ajoelhada, se fosse necessário, contanto que conseguisse suprir as necessidades financeiras básicas da família, manter as crianças em casa e garantir tratamento ao marido.

Durante todo o crescimento dos filhos, ela nunca nem mesmo cogitou a ideia de ter um propósito. Estava demais empenhada nisso para pensar a respeito. Porém, assim que as crianças ficaram grandes, o marido relativamente estável, e o estresse extremo decrescendo, o ego começou a atormentá-la, afirmando que ela jogara a vida fora. Cruel, sim, mas os egos tendem a ser desse jeito.

Em nossa última sessão, ela se sentia bastante desesperada, já não era jovem e cheia de energia. Sozinha consigo mesma, perguntou:

– Qual é o meu propósito?

Quando eu disse que era servir seu coração, o que, no caso dela, era a família, ela pareceu cética:

– Meus filhos estão crescidos e foram embora agora – lamentou. – Isso significa que meu propósito findou?

– De jeito nenhum – retruquei. – Apenas se transformou. Você serviu à família em tempos difíceis, o que é puro amor. Agora, exercite o servir em tempos bons. Celebre a unidade de vocês no presente – encoraje o descanso e as conversas... até mesmo planeje as saídas.

– Seu propósito foi manter a família alicerçada e intacta em termos financeiros. Agora, esse propósito pode se transformar na manutenção da família alicerçada e intacta emocionalmente. Telefone para seus filhos. Preocupe-se com quem se tornaram e comunique-se com eles. Mantenha o interesse por eles como adultos, e "curta-os". Esse é seu propósito por ora.

Ela continuou com ar desconfiado.

– Quer dizer que não preciso lutar para que parem o genocídio em Darfur, ou de carregar a bandeira de não deixar nenhuma criança fora da escola?

– Claro que pode lutar por isso tudo, se tocar seu coração – respondi. – Mas, manter um vínculo amoroso, positivo, com seus filhos é tão importante quanto isso.

Ela ficou calada.

– Bem, é isso de que eu gosto mais – resmungou. – Parece fácil demais.

– Esse é seu ego falando. Escute seu coração agora. O que ele diz?

Novamente ela se calou. Depois de um momento, disse:

– Meu coração diz para eu relaxar. Conduzo minha vida com amor, portanto, farei a coisa certa para mim.

– Exatamente – respondi.

O propósito não é complicado. O que provoca a satisfação não é aquilo que fazemos. Seja lá o que você fizer, faça porque gosta e, consequentemente, tudo o que você fizer gostando será adorável fazê-lo.

Tenho uma amiga que vende roupas velhas e coisas usadas no eBay, e está no melhor momento de sua vida. Adotou essa modalidade de propósito porque, em seus enérgicos esforços de reciclagem, diverte-se e infunde alegria na vida daqueles com quem se relaciona. Suas compradoras se divertem também. A roda do "material" gira e gira, mas no final todos ficam satisfeitos. O resultado é uma vibração positiva que contagia a todos.

A menos que esteja fazendo algo heroico e abnegado, de mãos limpas, duvide se o ego lhe sugerir que você perdeu seu propósito. Uma pista denunciadora de que o ego está em ação é a pressão que faz para que você faça algo "significativo". Qualquer sensação ou pensamento de que você deveria fazer ou ser algo especial para satisfazer seu verdadeiro propósito deve ser motivo de riso e avaliado pelo que é: uma viagem narcisista do ego.

O Espírito nunca exige que façamos algo especial ou sejamos excepcionais. Só o que se gosta encoraja você a ser e a fazer algo. Não é tanto a ação em si que torna algo dotado de propósito, mas a vibração que essa ação cria. Se criar uma vibração amorosa, continue. Se não, pare e reexamine o que faz.

Por exemplo, tive uma cliente em Chicago que estava obcecada em encontrar seu propósito. Uma escritora freelancer cobrindo o que chamava de "materialismo *yuppie* sem sentido", ela estava brava e intolerante consigo mesma, e impaciente com a maneira como sua vida se desenrolava e, assim, desistiu de escrever e dedicou-se ao trabalho voluntário.

Durante o período entre a inscrição e a chamada para esse trabalho, seu ego parou de incomodá-la. Em vez disso, pavoneava-se todo com a cauda esparramada. Pelo menos ela poderia dizer que o que fazia importava... poderia até dizer que recebeu sua atribuição.

Em vez de salvar a África da Aids, ela foi designada para administrar uma pequena biblioteca móvel no interior do Texas. Não havia glamour, nenhuma empolgação e nada romântico nisso. Era apenas um trabalho tedioso, terrivelmente chato servir uma pobre comunidade dominada pelo alcoolismo e pelo abuso de metanfetamina. Ela ficou consternada. Apesar de o ego sentir-se triunfante diante do exemplo de abnegação, seu coração continuou sem inspiração. Na verdade, ela detestou cada minuto daquilo e, infelizmente, detestou as pessoas que conheceu também. Eram desinteressadas, desmotivadas e, no geral, não poderiam se importar menos com a leitura, deixando-a brava e frustrada.

Independentemente disso, ela investiu dois anos nesse trabalho voluntário, tempo não apenas miserável para ela mesma, mas que tornou as pessoas já miseráveis ao seu redor mais miseráveis ainda.

Essas são as diversões do ego.

Quando conversamos pela última vez, ela meneou a cabeça e disse:

– Eu tinha certeza de que era o meu propósito. Parecia bom, afinal.

Não era. Agora, ela dirige uma loja de artigos de higiene e beleza num subúrbio agradável de Chicago e escreve histórias para crianças. Não mais uma voluntária brava e ressentida, ela organiza a hora das histórias infantis na livraria da vizinhança, publica seus próprios livros e sente que, à sua maneira, simples, dá alegria ao mundo.

O ponto crucial de tudo isso é que o propósito não está fora de você. Só pode ser encontrado abrindo-se o coração, conectando-se com o que você gosta e compartilhando isso com os outros. Na grande equação da vida, se cada um de nós perseguir seu propósito, todas as nossas necessidades serão satisfeitas.

Antes de chegar aqui, você e Deus tiveram uma conversa e escolheram a dedo seus dons, juntos. Nenhum é mais ou menos valioso do que o de qualquer outra pessoa. No reino Divino, se vem do amor e é compartilhado com amor, o dom é triunfante.

Seu dom pode ser compor música, resolver importantes equações matemáticas, descobrir novos biocombustíveis, ler histórias para crianças, cortar o gramado, ou selecionar lixo. O ego classifica esses dons como mais ou menos importantes, mas o Espírito, não. A mente Divina sabe que tudo que vem do amor é importante, e cada ato amoroso contribui para o todo.

Todos os dons são iguais perante a mente Divina. Reivindicar, valorizar e depois compartilhar os seus de maneira completa, sem hesitação ou interferência do ego, é um dos maiores e mais simples segredos para amar e vivificar seu Espírito.
O que você realmente ama? Compartilhar isso plenamente é seu propósito.

Exercício simples: Crie

A mais elevada e mais alegre expressão do Espírito Divino interno vem da criatividade. Nada é mais poderoso. Nada é mais amoroso para consigo mesmo. E nada é mais recompensador. Não importa o que você crie, contanto que faça sua vida mais bonita e satisfatória, porque toda criatividade é o Espírito em ação.

A mente não cria; só o Espírito interior tem o poder de criar. A única coisa que o ego manifesta é o drama e a frustração, deixando você e todos ao redor esgotados, exaustos e miseráveis. O drama é o substituto mais mesquinho e impotente para a verdadeira expressão criativa: você pode dizer se cria na bela frequência da mente Divina ou engole pela frequência da mente pela quantidade de drama em sua vida.

Por exemplo, se estiver discutindo frequentemente com pessoas significativas, sentindo-se muitas vezes bravo e maltratado no trabalho, se passa muito tempo ruminando os comentários feitos sobre você, ou está preocupado se não os fizeram, se se ofende facilmente, causa discórdia ou se aborrece com os outros, e proclama com frequência como não teve nenhuma opção e deve simplesmente suportar a vida como ela é, você se afunda em drama. O mesmo é verdade se reage de forma exagerada à mudança ou perde tempo ressentindo-se com o jeito que as coisas são ou receando o jeito que podem ser. Se se demorar pensando na pergunta: "O que há de errado com esse quadro?", em vez de se concentrar no que está certo, você vivencia o drama.

Culturalmente, somos escorraçados para longe de nossa criatividade pelo que minha querida amiga Julia Cameron, autora de *The Artist's Way*, chama *monstros da criatividade* – as vozes do passado e do presente que nos criticam, atacam, ridicularizam, julgam, e que impedem de admitir que temos criatividade e que podemos expressá-la com alegria e livremente.

São os professores de arte que deram notas baixas ao seu trabalho, os professores de música que lhe disseram que você não conseguiria cantar ou tocar uma canção, os amigos que riram de seus movimentos de dança, ou o técnico que não permitiu que você se apresentasse no show de talentos da escola. São as pessoas que acreditam que criatividade deve ser "boa" para ser valiosa, que submetem seu trabalho à aprovação pública antes que você tenha permissão para juntar-se ao clube.

Esses monstros da criatividade esquecem-se que criatividade é o mais elevado direito Divino concedido a todos nós, e nossas criações são a voz e a expressão de nosso Espírito. Sem criatividade consolidada como um recurso pessoal de alegria e renovação, nosso Espírito é abafado, calado e negado.

Se não nos permitirmos nos expressar criativamente, não podemos vivificar nosso Espírito. Ser criativo é uma das vias fundamentais pelas quais nos amamos e vivificamos nosso Espírito. A criatividade sempre terá êxito em levar adiante esse amor e essa força vital.

Um dos problemas que distancia muitos de nós do Espírito criativo é a ideia de que ser criativo é sinônimo de ser um profissional ou um aspirante a artista. Não é. Significa simplesmente fazer algo novo de algo que existe no presente.

Ser criativo pode ser tão simples como assar um bolo; fazer um arranjo de flores; rearrumar a mobília na sala; ou experimentar uma roupa nova, um corte ou uma coloração de cabelo. Pode ser tão descomplicado como escrever um poema, inventar uma nova letra para uma canção, resolver palavras-cruzadas ou consertar você mesmo uma janela quebrada. Existem tantas maneiras de ser criativo que é impossível relacionar todas elas. Na maioria das vezes, contudo, significa beneficiar-se de um amoroso Espírito inventivo, orientado para o belo, e permitir que saia e brinque um pouco.

Minha filha Sabrina, como o pai, é muito criativa na cozinha. Louca por doces, mas tendo intolerância ao açúcar e ao trigo, nunca para de nos surpreender com suas massas, bolos e tortas sem açúcar e glúten. Não segue nem receitas; só experimenta e vê o que acontece. Algumas de suas criações culinárias são deliciosas. Algumas são... bem, digamos, interessantes e não necessariamente comíveis, mas ainda satisfatórias e divertidas de inventar.

Toda vez que ela fica estressada com a escola ou sobrecarregada de trabalho no departamento, podemos ter certeza de encontrá-la na cozinha, de avental, andando depressa de um lado para outro como um alquimista maluco, aprontando outro banquete sem culpa.

Minha outra filha é completamente diferente. Sempre apaixonada por música, expressa sua criatividade fazendo compilações de CDs de grandes artistas, seja para si mesma ou para os amigos. Esse empenho às vezes a ocupa durante horas, porém ela sempre emerge com uma excelente mescla de composições e o coração cheio de luz.

Tenho um vizinho cujo amor criativo é consertar coisas no quintal. Armado com ferramentas e um rádio barato, ele passa horas remontando lampiões antigos, lixando portas, consertando aparelhos de som ou aspiradores de pó ou passando uma demão de tinta nos cantos da casa. Quando sua companheira de 41 anos faleceu, vários anos atrás, ele pensou que morreria de pesar logo depois. Os reparos o salvaram. Apaziguaram seu luto e deram a seu Espírito uma pausa de paz e calma. Quando se sentia oprimido, ia lá para fora e começava o que chamou de projeto "despretensioso".

Foi preciso na terminologia: a criatividade nos alivia de nossas mentes egoicas e nos estaciona despretensiosamente na calma de nosso Espírito.

Minha mãe não somente encorajava a criatividade como um meio de nos amarmos e vivificarmos nosso Espírito, mas também a utilizava como um método para se comunicar diretamente com seu Eu Superior e com a sabedoria Divina. Suas formas de lhe dar vazão eram várias, mas centradas na fotografia, pintura a óleo e costura.

Como mãe de sete filhos, todos nascidos próximos um do outro, com os sogros idosos para cuidar, ela descobriu que era fácil para seu ego ficar perturbado e tornar-se irritado às vezes. Quando isso ocorria, ela pedia licença e ia até seu quarto-escuro, estúdio ou sala de costura com um aviso firme para que não a incomodássemos. E não a incomodávamos. Porém, adorávamos quando ela se refugiava assim porque, embora muitas vezes fosse tensa para lá, sempre voltava de bom humor.

No esforço tranquilo de costurar, revelar fotos ou pintar, sua concentração era tão profunda que a conversa de sua mente se aquietava. No silêncio, muitas vezes ouvia sua voz interior alta e clara, oferecendo conforto, orientação, sugestões e rumos. Desenvolvia poderes intuitivos cada vez mais fortes nessas longas sessões de criatividade.

Meu marido, Patrick, é muito dinâmico por natureza, por isso, às vezes, pode ser difícil para ele se acalmar. O esforço criativo para o qual naturalmente gravita durante os períodos mais tensos é trabalhar no jardim. Seja arrancando mato, plantando flores, assentando tijolos nas beiradas ou arrumando os canteiros, fica calmo e relaxa.

Às vezes, quando está inquieto, seu ego é conhecido por provocar confusão, querendo só agitar as coisas porque ele está entediado. Torna-se polêmico e controlador, enfia o nariz onde não é chamado e dá opiniões que ninguém quer ouvir. No início de nosso casamento, isso me deixou maluca. Pensei que era apenas um criador de problemas. Com algum custo, enxerguei por fim através da superfície de seu comportamento e reconheci que todo aquele drama era ativado porque ele não sabia que precisava ser criativo. Assim que identifiquei o motivo, soube o que fazer. Em vez de brigar com isso, eu o redirecionei.

Comprei-lhe tintas, pincéis e telas no Natal. Pedi que nos fizesse cartões de boas-festas, escrevesse poemas para meu site na web, e preparasse refeições caprichadas para o jantar. E ele fez. No minuto em que empenhou seu Espírito criativo, o drama parou e ficou feliz.

Muitos que sofreram atrocidades na vida descobriram uma bênção salvadora em sua criatividade. Certa vez conheci uma mulher chamada Lydia, que vivera na Bulgária, onde sofrera muitas afrontas sociais, emocionais e políticas, enquanto o país estava sob o regime comunista. No entanto, embora perdesse muito e tivesse pouco, sabia tricotar. E tricotou, tão bem, na verdade, que se tornou mestra. Por fim, mudou-se para o Canadá com nada mais que as roupas do corpo e suas agulhas de tricô.

Foi devagar a princípio, mas logo Lydia estava com aquelas agulhas estalando durante horas por dia. Seu trabalho era tão lindo que ela vendeu suas criações num instante. Em dois curtos anos, tinha sua própria loja e dois empregados. Vendia suas mercadorias e dava aulas.

– É meu amor criar algo lindo – ela me disse, quando a conheci num workshop em Toronto. – Nasci rica em habilidade para criar.

Puxa! Isso é um comentário "espirituoso". E seu sorriso radioso também atestava seu Espírito.

Minha avó paterna, Antonia, que morreu quando eu tinha cinco anos de idade, era muito criativa e cheia de alegria. Cozinhava, costurava, cantava, dançava, decorava e celebrava. Porque era assim tão criativa, era confiante. Em vez do medo ou de sofrer privação, ela utilizava sua criatividade para procurar um jeito de preencher lacunas. E o encontrava. Minha mãe tinha apenas 15 anos quando veio para os Estados Unidos, e vovó Antonia tomou-a sob suas asas.

– Foi sua avó – dizia minha mãe – que me ensinou a ser criativa. Disse que era o segredo da felicidade, e que Deus dera a todos o dom da criatividade para nos manter entretidos. Se não somos criativos – dizia –, pode ser imaginação subutilizada e talvez por causa de uma dose de autopiedade, mas nunca por falta de habilidade. Todos somos criativos.

Minha mãe adotou de coração a filosofia e o exemplo criativo de minha avó. Criou-nos com o mantra: "Não importa que problema enfrente na vida, saiba simplesmente que existe sempre uma solução".

Acreditei nela. Quando tinha 7 ou 8 anos, eu queria um par de sandálias de verão, mas o dinheiro estava curto e, assim, elas simplesmente não cabiam no orçamento. A princípio, fiquei frustrada. Até mesmo tive um ataque de raiva e chorei para ver se com isso conseguiria o que queria. Não consegui.

Observando minha infelicidade, meu irmão mais velho Stefan chegou perto de mim e disse calmamente:

– Não vai conseguir as sandálias desse jeito; portanto, pode muito bem parar porque ninguém está escutando. Por que você não faz um par, em vez disso?

– Como? – perguntei, enxugando as lágrimas.

– Não sei – ele respondeu. – Descubra. – Então, afastou-se.

Era uma ideia. Talvez eu conseguisse. Recrutei meu irmão Bruce, sempre engenhoso, e começamos a trabalhar. Encontramos um pedaço de papelão, uma corda velha e fita adesiva e partimos daí. Passamos quase três dias tentando aperfeiçoar nosso modelo e finalmente fomos bem-sucedidos. Aparecemos com um par de sandálias de sola de papelão com corda passando pelo fundo – amarradas em volta de meus pés e depois presas com fita adesiva para dar firmeza. Não importava que eu não pudesse tirá-las. Eu não queria mesmo. Usei-as durante uma semana ininterrupta. Dormi com elas; tomei banho com elas, os pés fora da água; e andei por toda vizinhança exibindo-as. Estava orgulhosa daquelas gracinhas.

Várias semanas depois, minha mãe bateu-me de leve no ombro e disse:

– Venha, vamos até ao distrito de Montgomery.

– Por quê? – perguntou, incrédula.

– Para lhe comprar umas sandálias de verdade. – Ela sorriu.

– Mas eu gosto das minhas sandálias – retruquei. – Não quero novas.

Ficamos ambas surpresas; ela, porque pensou que eu daria pulos diante da chance de ter novas sandálias; eu, porque aquelas que eu criara me faziam tão feliz. Assim, saímos para tomar um refrigerante.

Criar é uma ferramenta essencial e, contudo, muito simples para se amar e vivificar seu Espírito. A qualquer hora em que sinta as energias perturbadas de sua mente obscurecendo sua alegria, pare o que quer que esteja fazendo, se possível, e tente fazer algo criativo.

A coisa mais importante é pensar: "Sou criativo". Fazer isso é comungar com a mente Divina. Pensar: "Eu sou criativo" é alinhar-se com o Espírito e a solução, em vez de ligar-se ao ego e ao problema.

Faça disso um exercício Espiritual, ou, em outras palavras, um exercício do Espírito, para ser criativo todos os dias. Pessoas que têm hobbies sabem o valor disso. Essas diversões são pedras de toque diárias do Espírito. Você não precisa ser Picasso. Não precisa ser "bom" em seu esforço criativo. Não é para os outros julgarem... é para você se divertir. Portanto, divirta-se!

Passo 7

Lembre-se do que você gosta

Este passo tem por objetivo ajudar seu Espírito, e conectar você conscientemente à beleza e ao júbilo que ele exala. O exercício que se segue apresenta a alegre canção do Espírito e retira imediatamente o pesado fardo do ego de seus ombros. Você se deleitará novamente consigo e com toda a vida.

Um sábado à noite, fizemos uma festa para comemorar vários aniversários da família de uma só vez. Já que eram datas marcantes, resolvemos fazer o nosso melhor pelo acontecimento. Alugamos mesas, contratamos um bufê e pedimos a um vizinho, dono de um famoso clube noturno de Chicago, para ser o DJ. Depois, convidamos todos que conhecíamos, dos 7 aos 87 anos, para se reunirem conosco... e foi um estouro.

Depois do jantar, as mesas foram retiradas, os alto-falantes montados, e nossa sala de estar transformou-se instantaneamente numa discoteca.

Um amigo chamado Terry levou seu pai de 83 anos, George, e a namorada de George, de 78 anos, Thea. No minuto em que a música começou, Thea colocou-se em pé e juntou-se à dança. Dançou com o mesmo entusiasmo que os adolescentes na sala.

129

Depois que a música serenou e comíamos o bolo de aniversário, Thea aproximou-se de mim, exultante.
– Foi muito divertido... eu tinha esquecido como adoro dançar! Então, seguiu em passos de tango até George e deu-lhe um pedaço de seu bolo e um beijo. Era evidente que seu Espírito amava a festa e, mais importante, ela se amava sem absolutamente quaisquer reservas.

Depois que a festa acabou, e a casa voltou à sua aparência normal, continuei a pensar no que ela dissera: "Tinha esquecido como adoro dançar". É verdade. Nós realmente esquecemos com facilidade as coisas das quais gostamos, as coisas que elevam nosso Espírito e nos enchem de alegria e amor-próprio.

Sei que eu esqueço. Esqueço o quanto aprecio ver meus pais, sair para passeios de bicicleta com meu marido e encontrar os amigos queridos para um almoço. Também falho em lembrar o quanto eu me amo, amo minha vida e me esqueço de quem sou quando me empenho em coisas espiritualmente gratificantes para mim.

Por que isso acontece? Por que esquecemos as coisas que mais amamos e que nos fazem sentir bem com relação a nós mesmos? Por que não parecem ser prioridades?

É porque somos doutrinados a acreditar que é egoísmo fazer coisa pela simples razão de nos deixarem felizes. É a boa e velha característica do puritanismo americano (e das religiões cristãs) dizendo-nos que sofrer é benéfico para a alma. Acredito que isso é besteira.

Ao ver Thea afastar-se flutuando numa nuvem de pura alegria e apertar a mão de George num jorro de afeição autogratificante, eu me lembrei do quando a conexão com aquilo que amamos, e aquilo que nos ama, é indispensável para o Espírito. É essencial para nosso amor-próprio e para nosso bem-estar.

Isso ficou evidente para mim, vários anos atrás, quando uma mulher que eu não conhecia me telefonou para pedir um

aconselhamento. Ela apresentou-se e me disse que tinha câncer de mama no estágio IV e que estava muito perto de morrer.
– Sou realista, Sonia – disse. – Não procuro uma cura milagrosa. Sei que não tenho muito mais tempo de vida. Mas quem sabe eu ainda anseie por um milagre. Só quero morrer em paz e não pareço encontrar um meio para isso, porque me esqueci de viver a vida, a única que eu gostaria de viver. Em vez disso, vivi a vida "deles", a vida aprovada por aqueles que me rodeavam.

"Fui exemplar em todos os aspectos: fui uma bandeirante de elite. Fui uma esposa modelo, membro da Associação dos Pais e Mestres, e mãe que passava o dia levando os filhos de uma atividade para outra. Era representante do grupo de moradores do quarteirão e avó e vizinha maravilhosas. Chame isso do que quiser. O que me trouxesse aprovação dos outros, eu fazia. E eles todos me aprovaram. E aprovam. Só que eu não me aprovo. Na verdade, mal consigo me suportar porque me sinto uma fraude e tanto. Nunca movi uma palha para fazer o que eu queria, o que eu amava, como ir a Roma, ou experimentar pintura a óleo, ou percorrer Iowa de bicicleta.

"Perdi minha vida agradando os outros, e agora é tarde demais! Não consigo nem mesmo sair de casa agora. O que é possível eu fazer agora para poder morrer em paz? Você pode me dizer?"

Puxa! Seu coração partido e as palavras trágicas me atingiram com força. Fiquei quieta e rezei. Então, pedi orientação a meu Eu Superior e auxiliares celestiais. Como essa mulher pode sentir amor-próprio nessa altura do jogo? O que deve mostrar-se a ela... o que nós todos devemos saber?

Num momento, a resposta surgiu. Fui orientada a lhe dizer para expressar seu Espírito em voz alta e devotar o tempo e a energia que lhe restavam só em conversas sobre o que ela amava.

– Todo dia – eu disse – , diga às pessoas do que você gosta. Diga-lhes o que lhe traz felicidade, o que aprecia, as comidas que gosta de comer, que perfumes são os seus prediletos, que flores comovem seu coração e que filmes a deixam feliz. Conte-lhes tudo que enche de prazer seu Espírito. Agindo assim, voltará ao seu eu autêntico e encontrará a paz e o amor por você. Encontrará o que procura.

Ela ficou em silêncio, e eu podia afirmar que pensava naquilo que eu dissera.

– Isso eu consigo fazer – ela finalmente respondeu. – Na verdade, eu adoraria fazer isso.

E então, soltou o que me pareceu um suspiro de alívio e desligou.

Depois desse telefonema, percebi que falar com ela fora meu presente para o dia. Ela me tornou consciente do quanto eu ainda fazia em nome da aprovação e do quanto dava prioridade a coisas que tornavam os outros felizes, passando por cima daquilo que eu verdadeiramente amava fazer. Percebi o quanto era fácil deixar que a busca de aprovação se tornasse tão rotineira que eu poderia na verdade ignorar aquilo de que eu gostava e terminar no mesmo barco em que ela estava.

Ao ganhar esse presente, resolvi cuidar mais de meu Espírito, mesmo com a loucura de minha vida, e começar pelo menos a falar sobre o que gosto, mais vezes também. Meu bom conselho para ela foi um bom conselho para mim também.

Convidei minha família e amigos para se juntarem a mim centrando nossas conversas no jantar em torno daquilo que todos nós amávamos. Felizmente, todos gostaram da ideia e assim foi estabelecida uma nova tradição. Começamos a compartilhar nosso amor por viagens, passeios de bicicleta, reuniões de família, barcos, filmes, natureza, piadas, pessoas, a arte culinária de Patrick, as ocasiões especiais e qualquer outra coisa que nosso Espírito coletivo amava.

A primeira coisa que percebi com nosso experimento foi o quanto nossos jantares se tornaram gratificantes e satisfatórios. Eu ansiava por eles e me certificava de estar lá. A coisa seguinte que observei foi quanto amor eu sentia por mim mesma ao final da refeição. Saía da mesa sentindo-me plena e satisfeita, não apenas do jantar, mas com meu próprio Espírito cheio de alegria. Isso me mostrou como simplesmente reconhecer o que eu amo nutre e me preenche de uma sensação de amor-próprio!

Outra coisa que observei foi como essa tradição mudou de rumo, de falarmos sobre aquilo de que gostávamos em geral para o que tínhamos gostado naquele dia. Foi ainda mais empolgante perceber como nosso comportamento começou a mudar também. Cada vez mais direcionávamos nossos Espíritos àquilo que amávamos, e nossos dias começaram a ser diferentes.

Minha filha Sonia, por exemplo, adora cantar. Logo depois de estar em andamento nossa tradição do "banquete do amor", podíamos ouvi-la soltar a voz com suas músicas favoritas a plenos pulmões pela casa o tempo todo, algo que ela nunca fizera antes.

Patrick, que adora cozinhar, mudou sutilmente, de encarar como tarefa fazer o jantar para dar mais atenção e criatividade em nossas refeições, surgindo com algumas obras-primas e na verdade ansiando por nos servir sua última criação.

Sabrina, que gosta de moda e design, começou experimentando utilizar suas roupas, aparecendo para jantar com conjuntos cada vez mais elaborados e realmente virando cabeças (bem, as nossas, pelo menos).

Até mesmo eu mudei. Amo rock-and-roll, os anos 1980 e festas dançantes. Logo depois que a nova tradição começou, introduzi essas coisas em meus workshops e num piscar de olhos tinha o mundo (ou, pelo menos, meu mundo) dançando comigo. Trabalhar, de repente, ficou muito mais divertido!

Essa mudança foi sutil e simples. Para se amar – a seu Espírito autêntico –, simplesmente lembre-se daquilo que você ama e verbalize-o. Fale sobre isso com frequência, consigo e com os outros. Fazer isso tem por efeito uma correção de curso: leva você de volta a seu Eu verdadeiro. Isso o nutre. Isso o reabastece. E instila alegria em você, o que é uma das coisas mais amorosas para si mesmo que existe.

Há outras maneiras simples de você conseguir se reconectar com aquilo que seu Espírito ama. Uma é fazer uma lista daquilo que aprecia. Faço isso muitas vezes antes de ir para a cama e quando estou numa longa viagem de avião. Escrevo listas mentais quando espero na fila da mercearia ou do correio. Até arranjei um caderno de notas especial e o chamei de meu livrinho "Daquilo que eu Gosto".

Você pode levar esse esforço um passo adiante: arranje um pequeno gravador e grave aquilo de que você gosta. Uma grande astróloga, Erica Trojan, disse-me uma vez que nada é mais poderoso para você que o som de sua própria voz – acredito nela. Vários anos atrás, fizeram um registro subliminar de minha voz por meio de uma companhia chamada Holosync (holosync.com). Eu me sentia insegura a respeito de falar para grandes plateias, portanto fiz uma gravação que dizia: "Adoro falar para grandes plateias". Aparentemente, funcionou, porque adoro mesmo falar para grandes plateias agora – quase tanto como adoro dançar com grandes plateias, o que dou um jeito de fazer toda vez que estou na frente de uma.

Trabalho com um músico chamado Mark Welch (www.musicbymarkwelch.com) que, entre outras coisas, cria CDs individualizados para as pessoas se concentrarem naquilo que gostam, utilizando suas próprias vozes. Ele sobrepõe músicas personalizadas às gravações, para torná-las muito mais pessoais. Criar seu próprio CD, ou simplesmente fazer uma gravação daquilo que você gosta utilizando um pequeno gravador, é um meio fantástico de lembrar o que lhe traz alegria e de corrigir seu curso em direção ao Espírito autêntico. Muitos de meus clientes obtiveram enorme sucesso em reconectar-se com seus Espíritos utilizando essa ferramenta simples e ouvindo-a todo dia.

Ouço minha gravação com frequência. O que descubro é que no espaço de cerca de 30 segundos, não importa em que tipo de humor ruidoso eu possa estar, instantaneamente entro num modo de ser mais animado, feliz e alegre. Começo a sentir-me bem em minha própria pele e experimentar um imenso amor-próprio.

A parte mais importante de nomear aquilo que você gosta, seja escrevendo listas, fazendo gravações, compartilhando com amigos e a família ou todas as alternativas anteriores, é que você retorna ao Eu. Desenvolve o hábito de recordar-se de seu Espírito e se torna mais fiel a ele. Essa é a coisa mais amorosa que você pode fazer para si mesmo e para aqueles que fazem parte de sua vida.

A propósito, a filha da mulher morrendo de câncer telefonou-me quatro meses depois que a mãe e eu havíamos conversado. Disse-me:

– Não sei o que você disse, mas teve um efeito milagroso sobre minha mãe. Ela mudou completamente e começou a compartilhar coisas que eu nunca soube sobre ela – coisas que adorei descobrir. Embora estivesse muito doente, ela iluminou-se. Relaxou. Ria mais. Parece que parara de lutar. E, para surpresa de todos nós, quando morreu, estava em paz. E, portanto, nós também.

EXERCÍCIO SIMPLES: RIR

O riso é a voz do Espírito. Quando você ri, seu Espírito canta. Fazer isso é alinhar-se com o Céu. O riso o liberta completamente das conexões da mente e derrama em cada célula de seu corpo a luz de Deus. Literalmente, eleva-o em termos energéticos.

Na cultura ocidental, rir não é algo que associamos ao Ser Espiritual. Fomos inundados com imagens do Cristo sofrendo e morrendo na cruz e não com o Cristo ressuscitado ascendendo para uma nova vida. Sofrimento e dor são profundos e, consequentemente, sobrevalorizados na nossa visão espiritual do mundo. Rir é frívolo e um desperdício, e muitas vezes rejeitado como irreverente e desrespeitoso. Ao escrever isso, lembro-me de quando criança, na escola católica, eu acidentalmente ri de uma de minhas professoras freiras, e por isso fui mandada para o canto da sala, de cabeça baixa de vergonha. De todos os pecados que alguém poderia cometer na classe que eu frequentava, rir era de longe o pior.

Na verdade, Bobby, o palhaço da classe na terceira série, que fazia todos rirem alto, foi por fim expulso da escola por suas palhaçadas. Ora, compreendo que as professoras tinham suas tarefas a cumprir, mas acreditar que aprendemos melhor em ambientes sem humor e cheios de medo é absurdo. Lembro-me das piadas e do comportamento palhaço de Bobby naquela época, e isso ainda me faz rir – contudo, não consigo me lembrar de muita coisa das professoras mal-humoradas e bravas daquele ano. Francamente, prefiro esquecer.

Em outras culturas, o humor é bem mais integrado no panorama sagrado como um elemento importante, até mesmo essencial à saúde espiritual. Temos o Buda sorridente, por exemplo; ou o Hanuman, o deus-macaco hindu cheio de malandragem e prazer. Quan Yin, a mãe divina do Oriente, é geralmente representada sorrindo; e a tradição dos nativos americanos reconhece e aprecia a jovialidade da lontra. Existe até mesmo um setor da ioga chamado Ioga do Riso devotado exclusivamente ao riso como um caminho para o Nirvana, que, felizmente, "pegou" nos Estados Unidos (www. laughteryoga.org).

O riso não apenas é bom para nosso Espírito, mas é nosso Espírito sendo bom para nós. A mente Divina é uma mente alegre, feliz, despreocupada. O riso traz luz ao coração e às células do corpo, o que cria condições de cura.

Existem agora milhares e milhares de pessoas pelo mundo que seguem o exemplo de Norman Cousins – um famoso jornalista político que se curou de câncer muito anos atrás imergindo num fluxo constante de filmes engraçados, livros de piadas e histórias humorísticas – e têm conhecido os mesmos resultados. Insistem que o humor curou-os de incontáveis doenças e enfermidades físicas e emocionais. Portanto, o veredicto é: rir cura.

Perder seu senso de humor é perder contato com seu Espírito. Mantê-lo é a maior vitória do Espírito sobre a matéria. Na verdade, não posso deixar de ficar impressionada com o brilhante senso de humor que a maioria dos sobreviventes de trauma exibe. Minha mãe sofreu tantas perdas quando criança na Segunda Guerra Mundial que partiriam meu coração se eu deixasse tudo isso me influenciar. A guerra separou-a da família inteira com 12 anos, quando foi aprisionada num acampamento para prisioneiros políticos; mais tarde, devido a um caso de febre reumática e uma queda de um cavalo, ela ficou surda. Contudo, tinha o mais exuberante senso de humor que qualquer outra pessoa que eu já conhecera. Isso a salvou.

Quando alguma forma de drama e trauma se apresentava na casa de nossa família, as piadas logo a acompanhavam. O lema de minha mãe na vida era, e continua a ser até o dia de hoje: "A situação é crítica, mas grave, nunca". Diante de tudo que enfrentou na viagem da vida, acredito nele. É um lema que adoto agora como meu.

Adotar a política do riso custa alguma prática e disciplina. Afinal, como eu disse, não é algo que a sociedade encoraje naturalmente. Como qualquer outro, nossos músculos do riso precisam de uma "malhação" regular. Portanto, é melhor ser proativo quando se trata de ter um senso de humor tão forte quanto possível.

Comece rindo de si mesmo. Com isso quero dizer de seu autoimportante ego exageradamente sério, supersensível. Recue e observe suas tentativas desesperadas de tentar controlar o mundo e seus óbvios esforços de recrutar os outros para sua causa. Observe os vários comportamentos e manobras que seu ego utiliza enquanto força adiante essa pauta. Um que o meu utiliza, por exemplo, é berrar indignado. A manobra do ego de minha filha Sonia é ficar vermelha como um pimentão, com ar dramático e se afastar. Patrick se torna resignado e sofre em silêncio. Sabrina "manda bala", deixando todos apavorados e submissos.

Cada um de nós tem seu próprio jeito de utilizar o drama, o teatro, a postura, a manipulação e o sofrimento para obrigar a vida a fazer o que deseja – ou, pelo menos, tentar. Se você recuar um passo e observar tais comportamentos da perspectiva da mente Divina, deve admitir que são muito engraçados. Dê uma boa risada – limpa a vibração e eleva o humor com amor.

Se não conseguir rir de si mesmo, perde a chance de estar na mente Divina. Em vez disso, é um completo refém de seu ego, e só pode esperar sofrimento, porque é tudo que ele é capaz de criar. E embora tudo possa parecer sério para você, pode ter certeza de que aqueles não envolvidos no drama o verão como ridículo. Portanto, é melhor ver seu ego como ridículo primeiro.

Quando sugiro que ria de si mesmo, não quero dizer de uma maneira malévola, indelicada. Só quero dizer que você deveria ser objetivo. Eleve-se acima de seu sofrimento emocional produzido pelo ego e veja a coisa pelo lado de fora.

O melhor jeito de rir de si mesmo é ser o primeiro a revelar suas próprias vulnerabilidades. "Conte" isso a si mesmo com frequência. Seja o primeiro a compartilhar seus apuros, constrangimentos, tragédias, desapontamentos e manobras malfadadas com os outros; e não permita que seu ego se esconda atrás do medo de não ser perfeito.

Quanto mais dolorosa for a experiência que tiver, mais urgente a necessidade de rir disso. Um de meus mentores disse certa vez: "Rir põe o demônio pra correr", referindo-se ao mundo das falsas aparências e ilusões da mente. Rir liberta-o instantaneamente das garras do medo, entre outras coisas, e só isso já é o Céu na Terra.

Além disso, rir traz bênçãos. É contagioso e revela o Divino em cada um. Trinta anos atrás, eu parti numa aventura para a França com uma amiga. Ao chegar em Marselha à meia-noite, sem ideia de para onde ir, nós acidentalmente vagueamos até um setor desagradável na cidade e deparamos com uma briga de rua. Apavoradas, gritamos e corremos, e essa nossa reação nos levou a um confronto com a polícia, momentos depois, e fomos jogadas na traseira de um camburão acolchoado. Chocada, amedrontada e aturdida, eu de repente cai na risada. Meu Espírito achou tudo aquilo repentino e absurdo demais. Tudo que eu podia fazer para absorver o que acontecia era rir... tanto que não conseguia parar. Ri tão desenfreadamente que minha amiga começou a dar risadinhas e depois os policiais também.

Logo, todos ríamos tão histericamente que ninguém conseguia falar. Assim que as risadas se acalmaram, os policiais perceberam que éramos duas viajantes tolas e nos levaram até a casa de um dos membros da família de um deles para passarmos a noite lá. A coisa não poderia ser mais bem orquestrada pelos próprios anjos... pensando bem, provavelmente fora orquestrada pelos anjos. A melhor parte é que continuamos amigas dos policiais. Por meio de nossas risadas, nos ligamos pelo Espírito.

Rir de si mesmo convida outros a fazer o mesmo. Quanto mais disposto a rir você estiver, mais entra de imediato na alta frequência do Espírito. Pelo riso, você pode até mesmo levar os outros com você. Em vez de se conectar num nível de "ego assustado, controlador, para ego assustado, controlador", você se comunica num nível de "Espírito para Espírito". O ego a ego é um lugar inseguro – é um lugar do "eu contra você". O Espírito a Espírito é seguro, porque, na mente Divina, somos todos um. Portanto, quando ri, não apenas você se cura, mas se torna um curandeiro também.

Desenvolver os músculos do "riso" ajuda a montar um acervo de recursos divertidos, ao qual recorrer quando a vida o derrubar. Seu acervo do riso pode incluir filmes engraçados, seriados de tevê e livros; revistas em quadrinhos irreverentes, jornais, livros cômicos; sites divertidos na internet; e cartões de saudações bem-humorados. Comece por fazer uma lista de 10 a 20 filmes prediletos de comédia, de todos os tempos, e pense nisso quando precisar de uma boa gargalhada. Se possível, compre os DVDs para que possa pegar um e assistir.

Quando o ego o tem nas garras, não o deixa pensar em um filme engraçado. Eis por que é bom ter alguns à mão, com antecedência. Também é uma boa ideia perguntar aos amigos quais são suas comédias favoritas, não apenas para montar seu acervo mas também para encorajar uma conversa mais despreocupada. Isso liquida com a comiseração em que o ego mergulha você tão facilmente.

Além dos filmes, há, é claro, os programas humorísticos da tevê para utilizar com um recurso de riso também. Termino toda noite assistindo a uma reprise engraçada, e sempre tento ir pra cama rindo.

Ter cópias de bons programas de tevê ou alugá-las são maneiras rápidas de obter o riso quando a vida não parece muito engraçada. Quanto mais você der um jeito de distrair seu ego com risadas, mais bem treinados seus músculos do riso ficarão. O segredo é optar pelo riso em vez do sofrimento. Em vez de se afundar em medo ou autopiedade, faça uma opção espiritualizada de que, em meio aos momentos mais sombrios da vida, você buscará o humor... em primeiro lugar.

Se você se encontrar profundamente atolado na mente, faça um trato com seu ego para sofrer apenas por algum tempo e, depois, partir para o humor. Por exemplo, se teve um dia ruim ou recebeu notícias difíceis, permita-se 30 minutos de genuína preocupação. Então, estabeleça 30 minutos de humor depois disso, para equilibrar-se.

Aderir a essa prática do riso exigirá severa disciplina, porque, naturalmente, seu ego não desejará dar risada – não apenas isso, mas é muito provável que as pessoas ao seu redor encorajem seu sofrimento. Você pode ser até mesmo acusado de utilizar o humor para fugir da realidade.

Se for assim, admita! Claro que utiliza o humor para fugir das garras da mente, controladora, defensiva e egoísta, sem graça e miserável. Por que não haveria de querer ver-se livre disso? Na verdade, graças a Deus você pode fugir pelo riso – foi para isso que nosso Criador o concebeu.

Precisamos fugir dos dramas da vida de uma maneira saudável, e rir é um meio de fazer isso. Portanto, fique preparado, tanto com ferramentas de riso quanto com a disciplina para superar a resistência de dentro e de fora. Apenas afirme a si mesmo e aos outros que o riso é um importante recurso espiritual para você. Esforce-se para optar pela comédia em vez do drama. Não seja um viciado em sofrimento.

Faça o download de comédias, por exemplo, e as assista quando puder.

Coloque protetores de tela divertidos em seu computador. Carregue revistas em quadrinhos na pasta ou na bolsa.

Cole dizeres meio bobos pela casa, no carro ou em sua área de serviço. Leia livros de humor – claro, não quero dizer exclusivamente isso, mas tenha, de verdade, um bom material que lhe proporcione riso despreocupado para equilibrar o peso do mundo.

Procure deixar a vida leve. Humor e sagacidade exercitam o cérebro. Ria alto, com frequência, mesmo que não se sinta a fim disso. A risada forçada leva finalmente ao riso de verdade. E uma risada falsa é melhor que nenhuma, afinal. Sobretudo porque isso o torna ciente do quanto seu ego o tem em suas garras e não desejará deixá-lo desfrutar do bom-humor. Se fingir uma risada, pelo menos seu Espírito está em processo de se libertar.

Assisti, recentemente, a um episódio de *The Oprah Winfrey Show* sobre a questão da felicidade. Nesse programa em particular, o maquiador de Oprah foi até ela e revelou como se sentia miserável com o rompimento de um relacionamento significativo e como não conseguia parar de chorar.

Ele, então, compareceu a um "Festival do Riso", organizado por um grupo, onde as pessoas riam sem motivo. Ele, mesmo resistente, crítico, pouco cooperativo, embarcou na aventura. Sua mente dificilmente se mostraria feliz, e aquelas risadas forçadas o irritaram demais.

Não obstante, ele juntou-se à turma e, meio desanimado, seguiu no embalo – só que, para sua surpresa, pegou o Espírito da reunião e, em menos de 15 minutos, começava a se divertir genuinamente e a rir de verdade. Como toda manifestação do Espírito, o riso dos outros se mostrou contagiante. Logo, ficou difícil demais continuar infeliz em meio à vibração coletiva de alegria. Ele jogou o desespero pelos ares e começou a rir e juntar-se aos outros com gosto.

Quando acabou, havia esquecido suas tristezas. Sentia-se ótimo, o que o surpreendeu. Na verdade, precisou fazer um esforço para encontrar seu infortúnio novamente. Encontrou, mas precisou procurar.

Rir é o Espírito tomando conta de sua vida. É a libertação das garras do ego. É a perspectiva da mente Divina e, sem dúvida, o melhor remédio que você tem.

Rir da vida, com a vida, na vida e a respeito da vida é viver seu Espírito plenamente. É uma das atitudes de amor-próprio mais afirmativas da alma que você pode escolher. Pratique o riso alto apenas por rir. Lembra-se de que, quando criança, você e seus amigos muitas vezes tentavam fazer um ao outro cair na risada de um jeito bobo? Dava certo então – dará certo agora!

Passo 8

Aceite as lições da vida com boa-vontade

Este passo acaba com a ilusão de que o amor-próprio e a alegria de viver apenas são possíveis quando os problemas vão embora. O exercício que se segue clareia a espessa névoa do medo e da ansiedade emocional. Você parará de tentar conquistar afeição e começará a sentir o amor incondicional que seu Espírito e Deus têm por você, agora e sempre.

Talvez o maior obstáculo para se amar e vivificar seu Espírito seja a crença de que você só pode fazer isso quando todos os seus problemas estiverem resolvidos, todas as preocupações aliviadas, e todas as suas inquietações e temores desaparecerem. A verdade é: isso nunca acontecerá. Enquanto estiver num corpo físico e possuir um ego humano, você deve viver com a condição de ser humano. Não estamos aqui para superar nossa humanidade, mas para aceitá-la e ficar em paz com ela. Contudo, não devemos permitir que nossas experiências humanas nos impeçam de vivenciar a paz e a alegria pessoal de nosso Eu Divino e de nosso Espírito. Viver a condição de ser humano traz desafios. Nem sempre são os mesmos para todos, mas temos todos uma parcela igual de desafios. Na verdade, enfrentá-los com bom Espírito é o passatempo principal do experimento humano. Encarnamos para aprender certas lições, e uma delas é admitir nossa natureza Divina, mesmo passando por experiências humanas.

As lições, desafios, inquietações, obstáculos, problemas recorrentes compõem o que chamamos "fardo". Cada um de nós, do pedinte na Índia ao corretor em Wall Street, ao Dalai Lama, tem um "fardo" ou tarefa pessoal da alma de enfrentar desafios. Mesmo Madre Teresa, reverenciada como uma santa dos dias modernos, lutou com muitos "fardos" em sua vida. De fato, recentemente, uma coleção de suas cartas pessoais revelou como, em certos momentos, ela duvidava até de sua fé em Deus.

Essas lições, ou o "fardo", são tarefas de nossas almas. Podem ser lições de amor, de criação da prosperidade ou de saúde física. Podem ser as de confiança e comprometimento ou de relacionamentos e família. Podem ser lições de pobreza, abandono e perda... ou justamente o oposto: de riqueza, ganho e devoção.

Não importa as lições que encontremos na vida, existem várias coisas das quais podemos ter certeza:

1. num nível anímico, somos voluntários no aprendizado das lições que defrontamos, quaisquer que sejam;

2. não existe lição que seja difícil demais para a alma aprender;

3. assim que aprendemos uma lição da alma, outra toma seu lugar. As lições nunca param de se apresentar enquanto vivermos.

A verdadeira razão de possuirmos um corpo, uma realidade física, é o crescimento de nossa alma, adquirido pelo enfrentamento dos desafios. A vida é uma escola para a alma e, consequentemente, deve ser abraçada, com tudo o que tiver. A escola da alma é bem diferente daquela onde nos formamos para entrarmos no "mundo de verdade". Quando se trata da alma, o "mundo de verdade" é esse das lições infindáveis, uma após a outra, que se nos mostram durante toda a existência física e que são o meio de identificar e de chegar a nossa Divindade.

Superar desafios pessoais, transpor as muitas dúvidas e vencer situações difíceis para atingir o amor-próprio e vivificar o Espírito não significa ir além do que nos cabe como "fardo". É, mais exatamente, a capacidade de nos amarmos e vivificarmos nosso Espírito que nos dá os meios pelos quais podemos enfrentar e superar nosso fardo e aprender nossas lições.

Temos todos uma tarefa anímica; temos todos áreas de crescimento pessoal e maturidade espiritual para desenvolver. Não deixe suas lições roubarem sua alegria. Em vez disso, cultive a alegria do Espírito para ajudá-lo a superar com êxito os obstáculos da vida. Privar-se de amor e bondade só atrapalha o aprendizado da alma. Ame seu Espírito e escute-o, porque, sem isso, você não será capaz de honesta ou competentemente vencer seus desafios. Só o amor-próprio e a expressão fiel de seu Espírito o ensinam o que você deve aprender.

Não permita que seu ego o convença de que seu fardo é mais pesado do que é, ou mais profundo ou importante que o do próximo, o que o leva a mergulhar na infelicidade.

Madre Teresa cuidou dos mais pobres e mais doentes da Índia, nas piores condições e, mesmo assim, conseguiu amar-se e vivificar o seu Espírito. O Dalai Lama perdeu seu país inteiro e, no entanto, deve servir como a luz espiritual para centenas de milhares de almas desalojadas, esse é o verdadeiro fardo difícil. Contudo, é cheio de absoluta alegria.

Seu desafio dos dias atuais pode parecer muito difícil agora. Por isso mesmo é preciso amar-se e vivificar seu Espírito: para que possa superá-lo. O importante é enfrentar os problemas com o amor do Espírito, não com o medo e o controle do ego.

Vivificar o Espírito permite que você enxergue além do drama imediato da vida e aponte soluções. O amor-próprio ajuda-o a acessar sua criatividade e a resolver problemas. Reduz o conflito e acalma o medo. Seu Espírito é seu melhor aliado no enfrentamento dos sofrimentos de qualquer tipo. Leva-o além, através ou sobre seu fardo, mais depressa.

Por exemplo, minha cliente Marion tinha um filho na prisão por abuso sexual de sua filha de 12 anos e outro filho vivendo na rua, viciado em heroína. Ela também recebera o diagnóstico de câncer de cólon no estágio inicial. Por todos os padrões, o dela era um "fardo" daqueles.

Durante os primeiros seis meses depois que seu filho fora para a prisão e ela recebera o diagnóstico de câncer, Marion definhou de vergonha e medo, tornando-se cada vez mais deprimida, e mais doente também. Uma noite, no limite de suas forças, ela foi para a cama e rezou por um milagre. Na manhã seguinte, acordou e percebeu que se sentia mais forte do que nos últimos meses, se não anos. Sem ter certeza da razão de estar melhor, não questionou o fato. Simplesmente alegrou-se com isso.

De súbito, por volta do meio-dia, percebeu o que havia de diferente: não mais se debatia com os problemas que enfrentava. De alguma forma, suas preces foram milagrosamente atendidas durante a noite. Ela estava livre da tirania interna a que seu ego a sujeitara incessantemente. Não havia mais culpa e vergonha por tudo que não ia bem em sua vida. Em seu lugar, sentia uma aceitação tranquila de que os problemas que enfrentava eram simplesmente a parcela que lhe cabia na vida, e nada mais. Em sua repentina clareza, soube que superaria tudo.

A primeira mudança foi parar de se agoniar pelos filhos. Em vez disso, empenhou seus esforços para melhorar. Com determinação e foco, e a graça de Deus, recuperou-se do câncer. Em seguida, adotou a neta. Sem possibilidade de desfazer o que acontecera, sabia que poderia pelo menos ajudar sua neta a não se culpar. Também estava ciente de que não poderia ensinar a menina a amar-se se ela, Marion, não fizesse o mesmo. Assim, aceitou o desafio e começou a praticar o amor-próprio com seriedade. Falava gentilmente consigo mesma. Comia bem. Ia cedo para cama. Valorizava sua energia. E perdoou o passado.

Não apenas recobrou a saúde, mas também recuperou seu coração. A dádiva de toda aquela tragédia foi que, além de aprender a amar-se, também recebeu o presente maravilhoso da guarda de sua neta... e o mais delicioso amor que já conhecera.

Marion, inclusive, compreendeu por que seus filhos tinham tantas dificuldades. Eles também não conheciam o amor-próprio, o que os empurrava para comportamentos tão hediondos. Ela os perdoou e começou até a lhes doar amor, antes impossível. Não sei o que aconteceu com seus filhos. Sei com certeza que Marion e sua neta mudaram-se para outro estado e iniciaram uma pequena plantação de lavanda juntas e agora vivem em calma e salutar paz.

A melhor maneira de permanecer se amando e alinhado com o Espírito ao enfrentar os desafios da vida é lembrar as lições. Portanto, pare de se sentir como se fosse uma vítima. Isso não quer dizer que o que você enfrenta não seja difícil ou doloroso. Só quer dizer que, até você reconhecer que seus desafios existem para lhe ensinar algo num nível anímico, você não poderá nem mesmo começar a passar por eles ou superá-los. Qualquer que seja o problema efrentado, saiba que se apresenta porque existe algo nessa situação que sua alma quer aprender. Quanto mais depressa identificar seus problemas como oportunidades de adquirir sabedoria, mais controláveis eles se tornam.

Por exemplo, em minha vida, meu "fardo" principal ou lições anímicas estão centradas no relacionamento com meu marido. Num patamar de personalidade, ele e eu somos como óleo e água. Consequentemente, não enxergamos ou experimentamos a vida da mesma maneira, e isso levou a conflitos no decorrer dos anos.

Se eu deixasse meu ego lidar com a situação, eu sofreria imensamente com nossas diferenças e não me permitiria sentir amor por meu Espírito, de modo algum. Porém, felizmente, pela graça de Deus e uns poucos excelentes professores, não deixo que meu ego determine a rota, pelo menos não a maior parte do tempo. Sei que num nível anímico essa intimidade e parceria são meus desafios para o crescimento, e aceito essa lição. Pode ser difícil em algumas ocasiões, porém amar meu eu autêntico e estar bem com meu Espírito torna tudo bem mais fácil.

O amor-próprio me permite confrontar meu "fardo" com meu marido com maior flexibilidade, humor, criatividade e compaixão. Essas dádivas de meu Espírito me ajudam com minha lição anímica. Sou a primeira a admitir que não dominei minhas lições nessa área, mas estamos casados há 26 anos e prosseguimos, e, todo dia, com o amor e a ajuda de meu Espírito, fica cada vez mais fácil.

Minha amiga Debra tem lições anímicas diferentes na vida. Os relacionamentos pessoais e a intimidade transcorrem facilmente com ela, e Debra é bastante tranquila em suas parcerias. Seu "fardo" centra-se mais no dinheiro. Ela tem dificuldade em manter-se e sentir-se financeiramente segura.

Depois de ser despedida de um emprego de 25 anos, ela vive muitas vezes com o dinheiro curto até para pagar as contas. Contudo, ela se ama de verdade e vivifica seu Espírito e assim, embora a incerteza de seu futuro financeiro seja desafiadora, ela ainda desfruta de uma segurança serena de que tudo dará certo de alguma forma. Essa confiança destemida, elevando-se de seu Espírito, impede seu ego de desfalecer no medo.

Isso não quer dizer que ela não tenha seus momentos, ou mesmo dias, de estresse. Certamente tem. Porém, nessas ondas de ansiedade há um poço mais profundo de confiança que está centrado em seu Espírito. Sua fé na Fonte Divina a reconforta conforme vive dia após dia. O resultado final é que mesmo diante da incerteza financeira, ela consegue aproveitar a vida. E aproveita. E, como por milagre, dá um jeito de se equilibrar financeiramente.

Tenho um cliente chamado Alan que, paradoxalmente, conta com uma sólida situação financeira e, no entanto, é obcecado com a preocupação de perder tudo isso. Como um empresário muito disciplinado, ele consegue pagar sua hipoteca e o empréstimo do carro e poupar uma quantia substancial para a aposentadoria. Contudo, porque ressoa com a mente do ego em vez de se amar e a seu Divino Espírito, está consumido pelo medo e pela ansiedade com relação a sua segurança o tempo inteiro, o que o torna agitado e ríspido com os amigos e os seres amados. Isso o levou a tratar rispidamente dois empregados, um dos quais já sofrera abusos demasiados da parte dele e se demitiu recentemente.

Por causa da crítica e do ódio por si mesmo infectar sua consciência, ele acredita que o mundo financeiro inteiro está à beira do colapso. Recita desastre após desastre em sua imaginação e não se permite nenhum alívio. Seu ego não lhe propicia nenhuma folga, nem férias e nem descanso, pelo receio de que, se ele se permitir essas coisas, sua segurança seja sacrificada. Ele está tão enterrado em seu "fardo" que perdeu completamente toda objetividade.

Sem o amor-próprio ou a conexão com seu Espírito para orientá-lo, ele está absolutamente desgraçado. Não consegue sentir paz com as próprias realizações. Além disso, sua energia negativa afeta aqueles ao seu redor com a mesma frequência insalubre, estabelecendo uma reação de angústia em cadeia.

Alan não é único. A maioria das pessoas com quem trabalho sofre de maneira semelhante. Sem saber que seus desafios são cultivar o Espirito e amar-se, as pessoas chafurdam e se debatem no complexo de vítima. A saída é simples: assuma seu fardo. Em outras palavras, reconheça seus desafios e compreenda que não são assaltos pessoais ao seu valor (embora realmente pareçam assim, às vezes), e sim lições que sua alma deseja simplesmente aprender, e pode.

Por exemplo, quero aprender como criar intimidade sem ser engolida por meu parceiro. Debra quer aprendeu a utilizar sua riqueza de talentos para manifestar riqueza material. Alan quer aprender a autovalorização. Até agora, não aprendeu muito depressa, mas por fim conseguirá – contanto que pare de confiar em seu ego medroso cheio de ódio para orientá-lo. Só quando ele começar a amar e seguir seu Espírito é que encontrará a paz.

Em que áreas você se sente vitimado? Onde mora sua frustração? Sofrimento? Desafio? Irritação? Aborrecimento? Empenho? Perda? Onde tudo isso estiver, lá estarão as lições de sua alma.

Pergunte-se se seu ego leva uma surra ou surra seu Espírito no que diz respeito a essas lições, por ser intolerante, impaciente, crítico, magoado, bravo, constrangido, indignado, medroso ou desgostoso. Se a resposta for o ego surrar o Espírito, você abandonou a integridade e alinhamento com o Espírito e desconectou-se do amor-próprio.

As energias negativas só aprofundam mais ou complicam seus problemas e o impedem de aprender. Recue e encare qualquer problema como uma lição anímica – não um castigo ou punição pessoal – apenas uma aula, como qualquer outra. A única maneira de "passar" com êxito é com amor desinteressado por si mesmo e conexão com seu Espírito.

Se olharmos para os "fardos" da perspectiva do ego, o ponto de vista será bastante pessoal. Ficamos devastados, desmoralizados, enfraquecidos e medrosos. Se optarmos por enxergar os desafios e lições com o amor-próprio e o amor pelo Espírito, nós os veremos como o jogo e o passatempo que tencionam ser. Isso não quer dizer que não seremos visitados pelo sofrimento – ele faz parte da experiência humana. O sofrimento só nos recorda que nosso Espírito é maior que qualquer mal que o ego ou o corpo possam nos impingir.

A única maneira de enfrentar os problemas da vida de cabeça erguida e superá-los com sucesso e paz no coração é abordá-los em Espírito. Preenchido de amor-próprio, você descobrirá que o doce amor que seu Criador tem por você facilitará seu caminho, removerá os obstáculos mais depressa e o ajudará a dirigir tudo no plano humano com boa-vontade. Quanto maior o problema, mais necessário é amar a si mesmo. Os problemas não existem por nossa culpa. Apenas existem. E as soluções podem sempre ser encontradas através do amor.

Exercício simples: Continue

Seu Espírito é uma energia ativa, poderosa – é uma chama dançante, um vento apressado, uma onda estourando de santidade. Seu ego não tem força vital – é uma máquina robótica remoendo vezes seguidas os mesmos padrões e mensagens, todos negativos, cheios de medo e controladores. Cada um deles tem vibrações diferentes: um está vivo e se empenha com a vida; o outro é vazio e drena energia.

Quando você está alinhado e vibrando com seu maravilhoso Espírito, cada célula em seu corpo é energizada. Quando você vibra com seu ego, seu corpo muitas vezes chega a um estado de estagnação paralisante. Torna-se travado de padrões negativos, como um computador com um vírus, fica bloqueado e não funciona.

Uma das melhores maneiras de impedir-se de ficar "travado" pelo ego e sua frequência debilitante é alinhar-se conscientemente com a vida e utilizar a força vital de seu Espírito para seguir em frente. Quando faz isso, você empenha seu Espírito. Alguma vez já ouviu a expressão: "O Espírito me moveu"? Quando seu Espírito está incorporado, ele o move de verdade, e de um jeito que é bem mais profundo e harmonioso que o movimento resultante dos embates com o ego.

Acabei de assistir ao popular programa de tevê, o *America's Next Top Model*. Nele, 12 garotas maravilhosas competem pela honra de serem indicadas como a próxima top model dos Estados Unidos, passando por uma série de desafios para conseguir uma foto notável. O episódio que assisti foi um em que as modelos precisavam dançar enquanto eram fotografadas.

Eis onde a coisa ficou interessante: embora todas se movessem para a música, só algumas delas se moveram pela música e realmente dançaram. Pelo que pude perceber, era visualmente óbvio quais garotas se entregavam a movimentos controlados, desapaixonados, desanimados, medrosos, e quais se rendiam ao seu ritmo interno. Era difícil observar as modelos que eram controladas por seus egos receosos; ao mesmo tempo, era empolgante observar aquelas que rendiam plenamente seu Espírito à dança.

Em relação à habilidade, os movimentos de todas eram equivalentes. As moças se balançavam e gingavam mais ou menos do mesmo jeito. Era a energia e a essência dos movimentos, contudo, que fazia a diferença. Aquelas que se soltavam eram lindas e inspiradoras de contemplar; aquelas que não faziam isso, eram desajeitadas e constrangedoras de observar.

A princípio, pensei estar muito exigente, já que sou muito afinada com o Espírito. Aparentemente, não. Os jurados tiveram exatamente a mesma impressão que tive. As garotas que deixaram seu Espírito se soltar foram para o nível seguinte. As outras foram eliminadas.

Tudo bem, posso ouvir a objeção: Nem todos dançam bem, certo? Exceto que a verdade é: todos são dançarinos no coração. O Espírito se expressa muito bem na dança. Só o ego bloqueia a dança do Espírito, algo doloroso de ver e ainda mais de vivenciar.

Na verdade, uma das melhores, mais diretas, mais autoafirmativas atividades de um Espírito amoroso em que alguma vez você poderia envolver-se é a dança. Tem efeito imediato. E com isso eu quero dizer mover-se com comprometimento com o ritmo. Ponha uma música que fale a seu Espírito e deixe-se levar por ela – você entenderá o que eu quero dizer. Como rir, dançar o pega de surpresa e o captura se você fizer isso por tempo o bastante.

Mesmo que inicialmente não tenha vontade de dançar, dê alguns minutos e veja o que acontece. O ego, com frequência, rende-se depois de dez minutos, e seu Espírito pode então entrar na dança. Seu ego ainda tentará impedi-lo, mas só tem energia para a resistência e, então, geralmente desiste. Assim que ele para de resistir, você decola para uma vibração mais elevada. Dançar plenamente expressa seu Espírito e revigora sua vibração com pura alegria.

Recentemente, eu dava aula na Inglaterra quando uma mulher indignada ergueu a mão com um protesto:

– E se você for deficiente físico? – perguntou, com o gosto de quem diz "te peguei".

Diante disso, contei a história de Jennifer, minha cliente que anda de muletas – e com grande dificuldade. Para não se ver privada da dança, ela coloca longas fitas coloridas nas muletas e deixa que balancem com a música por ela, como um jeito de dançar.

Outra cliente, Mary, que nasceu sem as pernas e com apenas parte dos braços, balança para frente e para trás e ginga dos lados em sua cadeira de rodas. Cita a dança como uma de suas saídas mais liberadoras, tanto física como animicamente. Adora dançar, e isso é evidente.

Portanto, para tais objeções, respondo que dançar é uma atitude, mais que uma aptidão. Permite que seu Espírito dê um passo à frente e assuma o comando. Se quiser dançar, você pode.

Anos atrás, compareci a uma palestra aqui em Chicago, dada por uma antropóloga bastante famosa chamada Jean Houston, que decretou a dança como sendo essencial para o Espírito. Compartilhou uma história que nunca esquecerei. Disse que havia uma tribo pouco conhecida na África que não tinha virtualmente nenhum histórico de conflito. Quando o grupo foi estudado para verificar como resolvia dificuldades, descobriu-se que sempre que acontecia uma discussão ou problema entre os membros, a tribo inteira ia para o centro da vila e dançava até que todos superassem o impasse. Que ideia maravilhosa!

Você pode imaginar se fosse pedido aos líderes mundiais que dançassem um com o outro até que se rendessem ao movimento, e só então puderiam negociar? Tenho certeza de que haveria resultados muito diferentes dos que vemos hoje num nível global.

Dançar, contudo, não é a única maneira de vivificar seu Espírito pelo movimento. Algo tão simples como dar uma caminhada rápida por uns poucos 15 minutos é também um antídoto efetivo para um ataque do ego de modo a trazer de volta seu Espírito. É um método sem falha, de amor-próprio, para deixar a energia da mente para trás e alcançar a paz e a tranquilidade da mente Divina.

Em termos energéticos, transformar a caminhada numa corrida opera maravilhas também. No momento em que você corre, seu ego precisa desistir do controle porque é seu Espírito que vai adiante de você. Todos os corredores que conheço chamam a isso de experiência espiritual. Eu chamo a corrida (e caminhar e dançar) uma experiência "do Espírito".

Seja caminhando, nadando, correndo, dançando, esquiando, patinando, saltando ou qualquer outro método de movimento que o atraia, o propósito é se amar e vivificar o Espírito pela atividade física, todos os dias. O movimento executado acalma o ego, clarea a névoa do cérebro, aquieta a conversa mental e o conduz à frequência e vibração da mente. É difícil para o ego berrar, enfurecer-se e ruminar enquanto seu sangue é bombeado depressa e sua frequência cardíaca está elevada. O corpo serve ao Espírito, não ao ego. Quando se move, você coloca seu eu físico como aliado.

Li certa vez que, quando uma pessoa abusada ou vitimada prende-se ao passado, aos traumas que sofreu, a primeira coisa que deve fazer é levantar-se e começar a se mover depressa. Pode andar para frente e para trás, saltar e se agachar – qualquer coisa. Isso descongela o elo negativo com memórias do passado e traz a pessoa de volta para o tempo presente e a uma vibração mais elevada. Já que somos todos abusados ou vitimados em algum momento (ou, pelo menos, nossos egos acreditam que somos), essa é uma ferramenta poderosa de amor-próprio e de expressão do Espírito que todos podemos utilizar.

Parte do motivo pelo qual creio que as pessoas se afastaram tanto do movimento e de ficarem confortáveis com seus corpos é nosso sistema educacional que chama tais atividades de "extracurriculares"; julgam-nas não essenciais ao processo de aprendizado. As crianças são ainda privadas de movimento e recreio, se malcomportadas. Em vez de terem permissão para sair e sacudir o corpo um pouco e chamar o seu Espírito de volta para casa, são colocadas no canto, obrigadas a se sentarem, fervendo em péssimas vibrações. E isso é tão completamente errado...

Recebíamos – e ainda recebemos – a mensagem que o movimento é desnecessário, em vez de uma ferramenta básica de amor-próprio e de vivificação de nosso Espírito. É hora de jogar fora essa mensagem opressiva. O movimento, qualquer que seja a forma que nos atraia, deveria ser parte de nosso exercício espiritual. É essencial para manter nosso Espírito incorporado e presente.

Você não precisa suar para obter o benefício amoroso de se movimentar. É opcional, até mesmo recomendado, mas para alguns um bom jogo ou uma caminhada pelo parque é tão satisfatório para a alma como saltar de um trampolim. Na verdade, a melhor maneira de confirmar se um movimento empenha seu Espírito é observar sua vibração antes, durante e depois de sua atividade. Se você se sentir alicerçado, tranquilo e calmo em seu coração e "no" momento, seu movimento o serviu bem.

O movimento é certamente uma das primeiras ferramentas a se buscar quando o ego estiver manipulando, levando-o a duvidar de si mesmo. Quanto mais depressa você se mover, mais rapidamente se descarta do ego e fica livre para voltar para casa.

Além de simplesmente se mexer, você pode levar o poder dessa ferramenta de amor-próprio ainda mais alto, saindo pela porta quando se mover. Lá fora está a Terra, nossa mãe Divina, que se deleita em você. Ela lhe dá belos presentes que você só pode perceber se estiver ao ar livre, como as árvores, as flores, o céu, os pássaros, as borboletas, as praias, as montanhas e os vales.

Este verão mesmo, minha mente se apoderou de mim e provocava uma fervorosa rodada de ansiedade bastante problemática a respeito de como eu arranjaria tempo para escrever, com minha agenda de viagem cheia. De paciência curta com a distração, marchei lá para fora e rumo ao Lincoln Park, perto de minha casa. Conforme caminhava, fiquei hipnotizada com tudo que via: churrascos organizados por pessoas de todas as nacionalidades, jogos de vôlei, círculos de batucada e disputas de futebol, tudo contra o pano de fundo de um céu cristalino cor de anil e de um azul brilhante do lago Michigan. A cidade mostrava-se em seu melhor; e a natureza, também.

Continuando meu passeio, cheguei um santuário de pássaros que sabia existir, mas nunca visitara por algum motivo. Estava fervilhante de pássaros maravilhosos, de todos os tamanhos e cores, e de borboletas também. Fiquei absolutamente encantada com a beleza. Só andei por uma hora e, contudo, senti como se desse a volta ao mundo. A melhor parte de meu passeio ao ar livre foi perceber como tão rapidamente eu me esquecera completamente de minhas preocupações. Até mesmo meu ego estava extasiado com a maravilha dos espaços livres. A saída me deu perspectiva e parei de me preocupar, e foi isso aí.

Sair ao ar livre e movimentar-se com a natureza são maneiras maravilhosas de se amar e vivificar seu Espírito. A natureza alimenta seu Espírito. Aventure-se ao ar livre e perceba o panorama agora mesmo, e observe como se sente depois. Você está com a mente do ego ou com a mente Divina? Entende o que eu quero dizer?

Levando a ideia do movimento a um outro nível, uma maneira simples de amar-se e vivificar seu Espírito é mudar de cenário. Fazer isso é como trocar de canal, da mente do ego para a mente Divina. Quando você muda o cenário intencionalmente para tirar um respiro das perturbações e aborrecimentos da mente, você afirma seu direito como Espírito Divino de viver em paz. É um meio proativo de optar pela paz.

Experienciei o poder de mudar de cenário de primeira mão há longo tempo. Anos atrás, meu marido, Patrick, e eu – na época, com duas crianças e em meio à reforma de uma velha casa vitoriana – estávamos com frequência extenuados e assoberbados de trabalho. Como resultado, começamos a esbravejar, implicar e brigar um com o outro, coisa de dar medo, porque ambos nos sentíamos fora do controle, e isso tornava nossos egos miseráveis.

Cada vez que a coisa ficava particularmente tensa em casa, nós entrávamos no carro e dirigíamos até Wisconsin, cerca de 160 quilômetros ao norte de Chicago. Pelos primeiros 80 quilômetros mais ou menos, nem mesmo falávamos um com o outro. Durante os últimos 80, contudo, começávamos a bater papo sobre o panorama. Então, fazíamos a volta e retornávamos, concordando em conversar sobre qualquer coisa menos nossos problemas. Tínhamos uma política de não discutir nossos conflitos enquanto aproveitávamos o passeio. Na hora em que chegávamos, nossos problemas pareciam menos sérios e conseguíamos encará-los com mais objetividade. Mudar de cenário nos dava perspectiva e ajudava a nos desviar de nossos temores.

Mudar de cenário é, na verdade, uma sabedoria antiga. São as chamadas "férias". Umas férias dão ao ego e a todas as suas preocupações um descanso e alimentam o Espírito com aventura, natureza, relaxamento, recreação, comidas diferentes, gente nova e, mais que tudo, uma imensa dose de estar no presente.

Quando você sai do ordinário, do comum, seu ego não pode se dar ao luxo de pensar no futuro. Precisa prestar atenção ao agora. A mente vive no passado e no futuro. O Espírito, contudo, mora só no presente. Assim, quando é exigida de você atenção, você está no agora. Quando seu Espírito assume, sua vibração se eleva, e a paz e a quietude da mente Divina entram em ação.

Passo 9

Utilize a música

Este passo lhe dá acesso direto aos seus recursos celestiais e ilumina imediatamente seu coração por meio da música. Mostra-lhe como utilizar conscientemente a música como um antídoto para a negatividade do mundo e usá-la para manter seu Espírito forte e flexível, não importa o que ocorra ao seu redor. O objetivo do exercício que se segue é levá-lo a escolher a celebração e a alegria como experiências diárias, em vez de esperar que isso aconteça. Você começará a experimentar a vida como uma dádiva e não perderá tempo em desfrutá-la plenamente.

Música é combustível vibratório. O Espírito é um corpo vibratório; e a música o fortalece, reforça e o mantém feliz.

Quando ouvimos música, ela ressoa em nosso Espírito, e imediatamente nos afastamos do medo e nos reconectamos com nossa natureza Divina atemporal. A música move o corpo e nos conecta ao fluxo. Quando a ouvimos, fazemos momentaneamente uma pausa, deixando de pensar para simplesmente sentir. Ela clareia a negatividade, nos coloca no presente e abre nosso coração.

Ao nos conectarmos com a música que fala ao nosso coração, relaxamos numa frequência vibratória de confiança. A música nos rejuvenesce no nível celular. Conectar-se com o estilo particular que comove nossa alma é uma das escolhas mais fáceis de amor-próprio que podemos fazer. A música é a linguagem do Espírito, e traz alívio para tudo que empaca nossa vida. Ouça música bonita todo dia – fortalecerá sua luz interna. O segredo é fazer isso sem interrupção. Ligar o rádio, com gente falando depressa e os comerciais, não cria nem de perto o mesmo nível de brilho interno como ouvir música sem intervalos.

Certifique-se de escutar num volume que mexa com seu Espírito, mas são assalte seu corpo. É um atentado à própria audição, por exemplo, tocar uma melodia suave, mas destruindo seus tímpanos. Isso não é amor-próprio. Você quer que seus ouvidos apreciem aquilo que ouvem e não que se sintam bombardeados por isso.

Tenho uma amiga chamada Elizabeth que encontrou clareza e alívio na música depois de passar por um ano extremamente tumultuado. Seu marido quase a abandonou deslocando seus negócios para outra cidade sem conversar sobre isso com ela primeiro. Para piorar as coisas, ela descobriu por acaso que, para financiar essa aventura, ele hipotecara a casa por mais de um milhão de dólares e fizera sociedade com um homem que estava numa prisão federal.

Antes de descobrir tudo isso, ela fizera planos de ir a Telluride, no Colorado, com o marido, para ver o festival de verão de música country. Seus amigos e a família sugeriram de imediato que ela cancelasse os planos. "Como, pelo amor de Deus", argumentaram, "era possível que saísse de férias com alguém que violentara sua confiança de uma forma tão flagrante"? Além do mais, como ela justificaria a despesa, já que descobrira que agora era sócia de uma dívida ultrajante?

Eram argumentos legítimos para cancelar a viagem, ou assim seu ego afirmou. Porém seu Espírito rebelou-se. Cancelar a viagem alimentaria seus temores, satisfaria sua tendência a fazer-se de vítima, ou a colocaria numa situação de mártir. Porém, não faria nada positivo para seu Espírito. Bem o oposto – seria negar ao Espírito uma grande fonte de alegria. Elizabeth não quis sucumbir. A viagem já estava paga, e ir não faria mal a ninguém. Sim, ela se sentia traída pelo marido, por suas práticas egoístas de negócios e o refinanciamento sorrateiro, e estava com raiva. Porém, ao mesmo tempo, ela percebeu que cancelar a viagem para magoá-lo só magoaria mais a si mesma. Dava no mesmo se fosse sozinha: ela queria compartilhar a experiência de andar de bicicleta pela montanha, acampar e apreciar a música com ele, não vivenciar tudo isso sozinha. Essas coisas alimentavam seu Espírito.

Sendo assim, ela manteve os planos intactos, e lá se foram eles, embora ela não estivesse de jeito nenhum em paz com isso... até que a música começou. Em pé em frente ao palco central, ela ouviu literalmente o primeiro acorde do primeiro banjo e, naquele momento, toda a negatividade e a ansiedade que a rodeavam fluiu para fora de seus ossos, para fora de seu corpo, para fora de sua aura e, finalmente, para fora de seu ser completamente.

A música, o alimento vibratório de seu Espírito, transmitia energia e força vital verdadeiras para ela. Quanto mais ouvia, mais elevada sua vibração se tornava. Ela dançou, cantou e perdeu-se no êxtase da música. Nada mais importava. E isso continuou por vários dias.

Ela compreendeu intuitivamente e sem perguntas que o esforço de seu marido para ser criativo o levara até outra cidade, onde pudera deparar com mais oportunidades do que onde viviam. Também percebeu que de modo nenhum ele tivera a intenção de enganá-la a respeito das decisões sobre o financiamento e da sociedade. Ele tivera, mais exatamente, a intenção de protegê-la – queria afastá-la das preocupações. E também soube, depois de uma sessão particularmente recompensadora de jazz, tocado por uma banda adorada no festival, que, embora parecessem duvidosos, os projetos de seu marido eram sólidos e poderiam dar certo. Ela estava absolutamente a salvo e segura financeiramente.

A parte mais importante dessa história é que nenhuma dessas revelações profundas e exatas surgiu de um diálogo entre os dois. Ela simplesmente "entendeu", saindo da vibração do medo subjetivo baseado no ego indo para dentro do fluxo de seu Eu Divino por meio da música. O festival de música country alimentou seu Espírito, rejuvenesceu suas células, mudou sua vibração e lhe deu acesso ao seu eu autêntico. De lá, ela soube com certeza, não com palavras, que nem seu Espírito nem o mundo, apesar das aparências, desabariam.

Tive muitas experiências em que a música me conduziu de volta ao meu eu autêntico quando muitos outros caminhos falharam. Ouvir David Bowie foi minha primeira experiência extraordinária. Ouvi seu álbum *Ziggy Stardust and the Spiders from Mars* o dia todo, imaginando atrair um namorado – um que gostasse de dançar e fosse tão excêntrico quanto eu era. Conheci Randy três semanas depois. Percebi que era um rebelde porque utilizava sapatos de plataforma com imitações de diamantes vermelhos que combinavam com meus sapatos de plataforma com imitações de diamantes brancos. Namoramos durante todo o ensino médio.

Além disso, ouvir "Going to California" com Led Zeppelin deu-me a força de vontade para estudar no exterior; os cantos gregorianos me abriram para a escrita; e a *Nona Sinfonia* de Beethoven emprestou-me coragem para ensinar.

Não sou só eu que me nutro com a música. Ela alimenta cada alma. Minha amiga Louise jura que ouvir Mozart como música de fundo no hospital curou-a da doença de Hodgkin. Até mesmo Einstein atribuía à música o estímulo à elaboração da teoria da relatividade.

Bob Dylan é o alimento da alma de minha filha Sabrina. Pink Floyd é o principal ingrediente do banquete musical de minha outra filha. Mozart fala a meu marido. Eu gosto do bom e velho rock-and-roll. Conecte-se conscientemente à música como uma de suas fontes inegociáveis de amor-próprio. É o combustível poderoso para seu Espírito. Quando se desconecta dela, você se desconecta de seu Espírito. E quando ganha acesso ao seu eu autêntico (o que só pode ser feito através de atos de amor--próprio), você pode ver o Quadro Maior, indo além de seus medos e para a verdade. Só então você pode fazer as mais elevadas e mais esclarecidas escolhas para o seu bem-estar.

Exercício simples: Celebre a vida

O caminho para a integridade, a satisfação e a incrível paz interna é viver de seu Espírito e celebrá-lo. Celebrar a vida é desfrutá-la – engajar-se nela sem culpa, medo ou controle e aceitá-la e abraçá-la como a grande aventura que é.

Desfrutar a vida é fácil. Comece simplesmente observando-a ao seu redor. Pode ser em sua própria cozinha, enquanto toma o café da manhã. Perceba o cheiro gostoso do café quando é coado. Observe a bonita cor de seu suco de laranja, enquanto o derrama num copo. Preste atenção ao "croc, crac, pop" de seu cereal matinal quando coloca o leite sobre eles. Observar a vida que se desenrola bem a sua frente é muito agradável aos sentidos.

Olhe ao redor de seu ambiente e perceba algo que costuma ver apenas superficialmente, ou nunca enxergou. Observe o detalhe no tecido de sua mobília ou os intricados padrões brancos nas folhas da orquídea em sua sala de estar.

Temos criações deliciosas ao redor de todos nós e, contudo, se estivermos hipnotizados pela mente de nosso ego, nem mesmo prestamos atenção a elas – isto é, até que não estejam mais lá. Só então reconhecemos a alegria que nos traziam.

Fui lembrada disso, vários anos atrás, quando tínhamos um peixinho dourado que nadava num aquário no balcão de nossa cozinha. Sua cabeça tinha um formato incomum, então nós o chamamos de Brainy (algo como cerebral, inteligente). Brainy viveu por anos e anos. Alguém o alimentava uma vez por dia e raramente fazíamos uma pausa para observá-lo.

Uma tarde, eu estava em pé com meu marido perto do aquário, olhei e percebi que Brainy sumira. Intrigada, perguntei a Patrick se ele sabia onde ele podia estar. Olhando para o aquário, ele também ficou surpreso e bastante confuso. Imediatamente, nossas suspeitas se voltaram para uma nova empregada que havíamos contratado vários dias antes.

– Oh, não! Será que a empregada matou e jogou Brainy na descarga? – especulei.

Imaginando o pior e aborrecido com a ideia, Patrick disse, indignado:

– Pode ser, mas é muito atrevimento da parte dela se fez isso. – Espiando o aquário vazio, emendou: – Isso me dá raiva!

Sem acreditar que alguém na verdade jogasse fora o bichinho de estimação da família, mesmo que fosse apenas um peixinho dourado, Patrick enfiou a mão no aquário para ver se Brainy estava escondido atrás de algo. Foi um esforço infrutífero, porque a única coisa que havia no aquário era uma velha concha do mar, num canto.

Quando ele moveu a concha, nossas filhas entraram, vindas do jogo de futebol.

– O que estão fazendo? – perguntaram, vendo nós dois debruçados sobre o aquário.

– Procurando Brainy – disse eu. – Vocês o viram?

– Não! – elas berraram, aborrecidas ao saber que Brainy estava sumido. – Onde ele está? Oh, meu Deus, o que aconteceu a Brainy? Ele morreu?

– Não sei – disse Patrick, intrigado. – Ele desapareceu simplesmente. – Só para ter certeza, Patrick tirou a concha para fora de maneira a não deixar passar nenhum detalhe, mas, ao fazer isso, ouviu algo se agitando dentro da concha. Ele sacudiu-a algumas vezes e, sem dúvida, era possível ouvir um flop, flop, flop. – Acredito que ele está preso dentro da concha – disse Patrick.

– Sacuda novamente – insisti. Realmente, todos nós pudemos ouvir o flop, flop, flop.

– Oh, minha nossa! Ele está aí dentro – gritei, entrando no "modo de emergência". – Sacuda-o para fora. Ele morrerá sem água.

Patrick pôs em ação seu serviço de emergência particular. Sacudiu bastante a concha, mas Brainy não caía para fora. A essas alturas, as meninas gritavam também, temendo pela vida do peixinho dourado.

– Depressa, papai! Ele morrerá se não andar depressa.

Por mais que sacudisse, tudo que Patrick podia fazer era bater Brainy no interior da concha.

– Precisamos quebrar a concha – disse Patrick. – Ele está preso dentro.

Até ali, Brainy ficara fora d'água por pelo menos um minuto. O tempo era essencial.

– Depressa! – gritamos. – Quebre!

Patrick saiu correndo pela porta dos fundos e bateu a concha na calçada tentando quebrá-la. Não deu certo, e então ele bateu com mais força ainda. Minhas filhas e eu insistíamos com gritos histéricos:

– Mais força, bate com mais força. Depreeeessa! Ele vai morrer!

A quarta tentativa funcionou. A concha se partiu e Brainy saltou para fora. Berramos quando Patrick pegou-o no ar com ambas as mãos. Até aquele instante pelo menos cinco minutos se passaram desde que Brainy saíra da água. Corremos de volta para o aquário, Patrick abrindo caminho e jogamos o peixe lá dentro. Sem dúvida traumatizado pela falta de água, pelas chacoalhadas violentas e por fim pelas pancadas na calçada, Brainy ficou lá imóvel, boiando na água.

– Ele está morto! – as meninas lamentaram, desesperadas, – Brainy está morto. – Explodiram em lágrimas. De mãos dadas e chorando, todos ficamos olhando, em choque, para o corpo imóvel do peixinho dourado.

Dez segundos depois, Brainy deu um salto e em seguida sacudiu-se novamente.

– Olhem! – gritou Patrick. Não podíamos acreditar em nossos olhos. Brainy sacudiu-se novamente e então, como se nada acontecesse, começou a nadar.

– Viva! – berramos, abraçando uns aos outros de alegria pela volta de Brainy. Ao olhar para o aquário, nós quatro não conseguíamos acreditar em nossa sorte – Brainy sobrevivera. Ficamos parados, tomados de um puro êxtase, observando nosso peixinho dourado de cabeça grande nadar lentamente para frente e para trás.

Brainy ensinou a todos nós algo importante aquele dia: apreciar a vida e não tomar nada como favas contadas. Nunca tinha ficado tão feliz em ver Brainy como no dia depois de sua experiência de quase-morte. Ele sobreviveu para nos dar mais cinco anos de belos dias, porque, cada vez que o víamos daquele momento em diante, sentíamos sua presença como uma dádiva que não poderia ser ignorada.

Celebrar a vida é um ato do Espírito. Clareia a névoa mental e a confusão de sentir pena de si mesmo e o faz lembrar que tudo na vida é uma dádiva. Cada momento, cada experiência é um presente de Deus para você apreciar.

É tão fácil para o ego desviá-lo de tudo que existe para celebrar. Toma as coisas da vida como favas contadas, jogando-as de lado e o encorajando a ignorá-las, enquanto o faz se consumir pelo desejo daquilo que não está lá. Ah, como é fácil esquecer que tudo é uma dádiva, e cada dádiva é um motivo para celebrar!

Vinte seis anos atrás, tive uma experiência que ficou comigo desde então, relembrando-me sempre de celebrar a vida. Eu me preparava para casar, e, como presente de casamento, minha irmã pagou para minha tia e meu tio viajarem da então Romênia comunista para comparecer à cerimônia. Era a primeira vez que um dos parentes de minha mãe visitava os Estados Unidos ou conheceria a família dela, já que mamãe fora separada deles quando criança durante a Segunda Guerra Mundial.

Quando chegaram, eles ficaram impressionados com a abundância que fluía por toda parte. O momento mais pungente, contudo, foi quando paramos na mercearia local para comprar o jantar e os levamos juntos. Quando minha tia e meu tio, acostumados com tão pouco, viram as prateleiras de comida fresca, frutas, verduras, legumes, carnes e peixe, foram dominados pela emoção. Mal conseguiam falar, e ambos começaram a chorar.

– E pensar que existe isso tudo para desfrutar – disseram, tentando abarcar tudo com um gesto.

O que era para ser uma corrida rápida ao mercado tornou-se uma excursão de três horas: eles passeavam entre as alas, cheirando os produtos, provando as amostras do dia e olhando de prateleira em prateleira as ofertas. Maravilharam-se com tudo e, vendo isso através dos olhos deles, eu me maravilhei também.

Era realmente uma dádiva que nós, americanos, tivéssemos acesso tão fácil a tamanha abundância, e valia a pena celebrar. Meu casamento – com meus tios presentes – foi uma verdadeira e inacreditável celebração de amor, vida, família e apreço. Se algum dia sinto-me privada de algo ou com pena de mim mesma, só preciso pensar naquele dia e meu Espírito se eleva mais uma vez.

Com minha mãe crescendo durante a guerra e meu pai crescendo durante os anos da Depressão, fomos criados para celebrar as pequenas coisas na vida o tempo todo. Porque a abundância disponível a nós não fora algo certo para eles, fomos encorajados a não pensar assim também.

Às sextas-feiras, em nossa casa, havia grande celebração porque era dia de sorvete. No fim da semana, meu pai recebia o salário no trabalho e sempre parava na sorveteria e comprava dois potes de sorvete, embalados à mão, o suficiente para satisfazer sua família de sete filhos. Cantávamos canções folclóricas a plenos pulmões enquanto saboreávamos o sorvete juntos. Era uma festa semanal.

Outra tradição que minha mãe instituiu foi a "Festa Não Somos o Máximo?". Para essa reunião das sextas-feiras à noite, nós nos revezávamos contando uns aos outros alguns de nossos melhores momentos durante a semana. Podia ser quando um de nós ganhou uma estrela num teste da escola, ajudou um amigo, fez uma cesta na quadra de basquete, assou um bolo ou conseguiu terminar a tarefa de casa a tempo. A questão não era tanto comemorar o que havíamos feito, mas apenas celebrar a vida.

Isso nos ensinou a fazer nossa própria festa em vez de esperar o convite para uma festa de alguém. Até os dias de hoje, adoro saborear uma bela "Festa Não Somos o Máximo?" com minha família e amigos. É uma razão para rir, para agradecer a nós mesmos e aos outros, e para apreciar as boas coisas da vida.

Você não precisa de uma desculpa para celebrar. Amar-se e à toda a abundância e bênçãos da vida é razão suficiente. A vida é um belo presente, e cada dia traz consigo tantos motivos para celebrar que é hora de você fazer isso. Não espere ser convidado para a festa da vida! Seja a festa você mesmo! Comece por celebrar as pequenas coisas. Se está vivo, isso em si é uma boa razão. Se tem roupas no corpo, um teto sobre a cabeça e gente que o ama, então você tem todas as razões para celebrar. Rejubile-se nos bons dias porque você realizou coisas positivas. Celebre os dias difíceis porque você os superou.

Tive um jovem cliente chamado Jeremy, diagnosticado com câncer no cérebro aos 22 anos de idade. Com um prognóstico desolador e suas opções de cura se esgotando, ele resolveu celebrar seu aniversário todos os dias que lhe restavam. Cantava "Parabéns a Você" para si mesmo, comprava cartões para si mesmo, e se divertia com balões e festas.

Deram a Jeremy três meses de vida; na verdade, ele viveu dois anos mais. Pouco antes de morrer, conversamos.

Ele disse:

– O melhor presente que algum dia recebi foi meu tumor. Existi por 22 anos, mas não estava vivo. Depois de meu tumor, eu acordei e me diverti cada minuto como se não houvesse nenhum amanhã, e sinto mais prazer e alegria que em todos os 22 anos anteriores.

Passo 10
Escolha a bondade

Este passo o fará compartilhar seu Espírito com aqueles ao seu redor. Fazendo isso, a luz de seu Espírito se tornará ainda mais forte e mais poderosa. O exercício que se segue conecta-o permanentemente à orientação interna de seu Espírito, eliminando momentos de confusão e medo, substituindo-os por confiança. Ao mesmo tempo, você também se tornará um catalisador para despertar o Espírito dos outros. Essa é uma das maiores experiências de amor-próprio e de viver uma vida orientada pelo Espírito. Não mais se debatendo em trevas, você se torna uma luz no mundo.

A maior alegria que o Espírito conhece é compartilhar sua luz e amor com os outros. Diferentemente do ego – impelido pela indagação: "O que tem aí para mim?" – o Espírito sente-se completo e deseja compartilhar essa satisfação com tantos quantos possível. Compartilhar nosso Espírito com outra pessoa é uma das experiências mais curativas e fortalecedoras que podemos criar para nós mesmos. Felizmente, o caminho é simples: tudo que precisamos fazer é sermos bons.

A bondade é nosso Espírito amoroso em ação. Permite à nossa natureza Divina assumir e conduzir nossa vida. Quando somos bons, incorporamos essa natureza e a utilizamos para alimentar e abastecer a luz no mundo.

Ser bom é viver com boa-vontade, dignidade e elegância. Significa ter interesse pela vida e se importar com isso o bastante para torná-la melhor para você e para os outros. É uma poderosa opção de profundo amor-próprio, primordialmente porque a lei do Universo dita: aquilo que circula volta. Em outras palavras, cada ato – de bondade ou o contrário – volta para você multiplicado. Quanto mais bondoso você for para com os outros, mais amor e bondade retornarão para você. Inversamente, não importa o quão justificada uma palavra ou uma atitude indelicada possa lhe parecer, ela retornará a você com uma energia mil vezes maior.

Essa lei está em vigor para nos apresentar a nós mesmos. Não importa o quanto tentemos fugir de nós mesmos, não conseguimos. Seja lá o que fizermos, a atitude que tomemos, qualquer que seja a energia que expressemos uns para os outros no mundo, no final experimentaremos a mesma energia retornando a nós partindo daqueles que estão ao nosso redor. Recebemos o que damos. Portanto, é só dar plenamente de nosso coração e Espírito aos outros para assegurar a completa felicidade e alegria.

Meu mestre espiritual, Dr. Tully, me disse uma vez que uma das melhores maneiras de ser bom é não agitar as águas emocionais dos outros. Quando despertamos as emoções de alguém, fazemos com que estresse, ansiedade, atitudes defensivas, preocupação e medo aflorem do ego da pessoa. Essas são algumas das mais dolorosas vibrações a percorrer nosso sistema nervoso humano. Colocar em movimento essas águas turbulentas nos outros é prejudicial, contudo fazemos isso o tempo inteiro. E fazemos de maneiras tão sutis que nem mesmo temos consciência do que promovemos.

Despertamos o estresse e o medo nos outros quando erguemos a voz ou falamos rispidamente demais. Remexemos as águas das emoções dos outros quando os repreendemos com aspereza; falamos com impaciência; e nos comunicamos num tom orgulhoso, irritado ou condescendente. Podemos nem mesmo estar cônscios de que nosso tom é ríspido, contudo ainda desencadeamos um tsunami de medo e ansiedade nos outros por meio de uma palavra descuidada ou de um comentário sarcástico.

Por exemplo, vários anos atrás, eu esperava para embarcar em um avião em Chicago, quando foi anunciado que o voo estava com um atraso inesperado. A área de embarque estava cheia e, evidentemente, as notícias aborreceram todos que aguardavam para embarcar.

Uma das passageiras era uma jovem mãe com seu filho de três ou quatro anos. Eu podia afirmar, pela energia e comportamento do menino, que aquela era a primeira vez que voava e ele estava extremamente animado com a ideia da aventura. Enquanto nos sentávamos para esperar o embarque, ele falava entusiasmado com a mãe sobre onde sentaria e como ficaria olhando pela janela, assim que estivessem no ar. Imaginava se ele poderia ver o chão depois da decolagem e se todos ali iriam para o mesmo lugar. Ele compartilhava livremente sua ansiedade diante da perspectiva, enquanto se preparava para aquela grande aventura. Era evidente que seu coração estava escancarado de prazer.

A mãe ouvia e sorria meio desanimada, como se essa conversa claramente acontecesse por algum tempo, quem sabe até mesmo dias. Porém, quando soube que o voo estava atrasado, ela ficou bastante irritada porque seus planos seriam interrompidos. Enquanto isso, seu filho, que não percebeu a mudança nos planos, continuou a falar empolgado sobre a aventura. Quero dizer, falou até que ela esbravejasse:

– Fique quieto... estou ouvindo o comunicado.

Pelo olhar no rosto do menino, parecia que jogaram um balde de água gelada nele. Sentiu-se tão chocado e magoado pelo tom de voz que pestanejou e ficou completamente imóvel por um momento. Então, de repente, seus olhos se encheram de lágrimas, e ele desviou-os depressa, talvez procurando um lugar para se esconder.

O comentário impensado da mãe pareceu tão ríspido para ele que cortou seu coração e o magoou. Deixou-o confuso e devastado, e partiu o meu coração só de observar. O pior foi que a mãe estava tão atenta ouvindo os anúncios que nem observou como seu filho se magoara com o comentário impaciente. Deixou escapar por completo.

Não compartilho essa história para falar sobre uma mãe ruim, mas porque no momento que vi isso acontecer lembrei-me de milhares de ocasiões quando eu também fora culpada da mesma atitude com minhas próprias filhas, quando pequenas. Eu também deixei a vida pesar sobre mim e roubar-me a paz às vezes, e esbravejei inconscientemente por causa de minha própria ansiedade.

Fiquei com pena do menino, mas da mãe também. Ela sofreria por isso porque seria privada da luz de seu filho. Naquele exato momento, então, peguei meu celular e telefonei para minhas duas filhas, uma depois da outra, para dizer como eu sentia muito por todas as vezes que falara com elas rispidamente ou sem gentileza no passado.

Ambas riram de mim e disseram:

– Não se preocupe com isso agora. Está tudo bem.

Porém, até eu dizer que sentia muito, senti-me como se meu comportamento rude do passado me roubasse um pouco da proximidade e da luz que desejo partilhar com minhas filhas agora. Senti-me melhor desfazendo um pouco de minha própria indelicadeza naquele momento. Acalmou as águas emocionais em mim.

A bondade exige disciplina e só flui com facilidade se você estiver comprometido em amar e vivificar seu Espírito em vez do ego. Na verdade, um modo pelo qual você pode afirmar definitivamente se está desconectado de seu Espírito é perceber se está sendo mau. O Espírito é sensível e consciente do Divino em tudo, portanto opta apenas por ser atencioso. Agir de modo rude não é agradável para o Espírito; só agrada ao eu falso e impaciente.

Para ser verdadeiramente bom para com os outros, você deve começar sendo verdadeiramente bom consigo mesmo. Se for insensível e impaciente consigo, sua vibração interna será estressada e ressentida. Se for estressado e pouco afetuoso consigo, não consegue evitar de propagar isso para as outras pessoas. A bondade com relação ao eu é uma dádiva que se expressa. Seja bom para si mesmo, ame seu Espírito e abasteça sua luz interna.

A bondade é uma opção de honrar o Divino em tudo, inclusive você. Isso exige prática até que se torne um hábito. Convoque a disciplina interna para desenvolver o hábito da bondade com você mesmo e para com os outros. Pare de permitir que o ego abuse de você, e dedique-se a ser bom a cada oportunidade que tiver.

Ser bom consigo mesmo começa por analisar suas necessidades básicas. Alimenta-se com comidas que são boas para você? Come o bastante e com frequência? Com muita frequência? Deita-se cedo? Tem um bom travesseiro? Tem tempo para relaxar? Essas são simples bondades que aliviam a aspereza da vida e alimentam seu Espírito.

Outro aspecto muito básico da bondade com o eu é nos permitir limites saudáveis e sermos claros e diretos em comunicá-los aos outros. A maioria de nós foi ensinada que não temos direito a limites pessoais e que dizer não ou respeitar nossas necessidades é egoísmo. Felizmente, essa escola de pensamento de autossacrifício começa a se dispersar, e agora somos encorajados a ser claros e pedir aquilo de que precisamos sem hesitação ou culpa. Mesmo assim, velhos hábitos são difíceis de morrer. Se tudo o que vimos ou nos disseram é para sermos amorosos e que devemos nos doar ao ponto da autoaniquilação, então chegar ao conhecimento confortável e manifestar nossas necessidades pessoais e limites pode ser opressivo e exigir coragem.

Uma jovem cliente me contou de suas dificuldades na faculdade porque suas companheiras de quarto bebiam excessivamente, fumavam maconha e eram extremamente barulhentas e agressivas noite após noite, muitas vezes irrompendo pelo quarto com seus parceiros. Não compartilhando desses excessos e mesmo assim não querendo ser "indelicada" com suas colegas, ela não falava nem sequer expressava suas objeções com as companheiras a respeito desse comportamento. Quanto menos falava, pior ficava.

Quando a bebedeira passava, suas colegas muitas vezes lhe diziam o quanto gostavam dela e como era ótima em aturar seus comportamentos autodestrutivos e deixar os outros se intrometerem em seu espaço. Contudo, de certa forma, isso não parecia tão bom como ela pensava que seria. Na verdade, sentia-se pior.

Embora achasse gentil sua tolerância com elas, sua insensibilidade consigo mesma era abusiva. Perdia o sono noite após noite e pagava o preço em aula. Ser indelicada consigo mesma desenvolvera uma raiva de combustão lenta dentro dela, a qual finalmente liberou não apenas nas colegas de quarto, mas também em sua irmã mais nova e nos pais.

Por fim, seus pais disseram basta. Foi quando mandaram que voltasse. Estavam cansados de sua raiva e não sabiam de onde vinha e como se protegeriam disso. Ela não sabia também e assim me perguntou. Ajudei-a a reconhecer o quanto era inconsciente e insensível para seu Espírito ao não comunicar seus limites para aqueles com quem precisava conviver na escola. Não só era ruim para ela, tornava-a ruim para sua família e por fim até mesmo para estranhos. Até magoava suas companheiras de quarto porque não é bom permitir que passem por cima de você. Muito menos, encorajar os egos a fugirem do controle e a isso ficar indiferente e insensível. Sua suposta bondade encorajava o comportamento impositivo de suas colegas de quarto e as incentiva a serem abusivas. Tudo isso poderia ser impedido com gentileza, utilizando-se da pura e simples clareza. No caso dela, um mero "Ei, meninas, deem o fora! Estou dormindo!" seria o suficiente para mudar a situação.

Foi quando sugeri que ela reconhecesse o quanto era bom ter limites e dizer não depressa a algumas coisas na vida. Ela me escutou e tentou. Foi desconfortável falar, mas a primeira vez foi a última. Suas amigas entenderam o recado e levaram a festa para outro lugar. Ela sentiu-se melhor e as outras também.

Se não nos permitirmos limites saudáveis com os outros, ficamos oprimidos e nossos sentimentos tornam-se prejudicais. Isso com frequência nos leva a "espinafrar" inapropriadamente as pessoas erradas, estabelecendo um círculo vicioso.

Dizer "não" não é maldade. Mas dizer sim quando quer dizer não é mau porque é enganar e confundir os outros. Você pode dizer sim para uma situação desagradável ou comprometedora no momento, porém definitivamente desejará alguma retribuição mais tarde, muitas vezes quando os outros menos esperam e estejam preparados para dar algo. Dizer não sem drama ou hesitação é uma grande bênção em qualquer caso. Quando você vive com limites saudáveis, cria a oportunidade para conectar-se com as pessoas honestamente, sem confusão ou manipulação. Todos se sentem mais seguros e mais assentados.

A importância dos limites saudáveis não pode ser exagerada. É como deixar claro o que lhe parece certo e verdadeiro. Só então você pode comunicar seus limites aos outros, em vez de esperar que descubram. Não descobrirão, e é ruim pedir que tentem. É muito mais amoroso ser claro e direto do que falar com rodeios, sendo vago ou passivo-agressivo, numa tentativa de manipular os outros, na tentativa de convencê-los.

Ficar em sintonia com seus limites, na verdade, é mais simples do que parece. Geralmente, um limite foi cruzado ou ignorado se você se percebe irritado, bravo ou frustrado. Quando tais sentimentos assomam, verifique isso consigo mesmo e responda a umas poucas perguntas:

- Eu disse sim quando queria dizer não?

- Deixei de expressar minhas necessidades?

- Insisti em algo que não honra meu Espírito?

- Fiquei numa situação em que meu Espírito teve vontade de ir embora?

- Estou disposta a mudar isso agora?

- Tomei uma decisão que acabará com a pressão?

Essas perguntas simples começam a trabalhar seus músculos da percepção e ajudá-lo a sintonizar-se com aquilo bom e amoroso para com seu Espírito.

No momento em que você faz o que parece bom para seu Espírito, o Universo o ajudará a construir limites mais saudáveis. Até que se decida que está tudo bem comunicar seus limites, nada pode mudar, absolutamente.

Outra maneira de ser bom fundamentalmente com você mesmo é fazer escolhas que tirem a pressão de sua vida, em vez de viver num estado de constante emergência e drama. A bondade está enraizada em sua prática. Quanto mais assentado e realista você é em seus compromissos, menos estressado você fica – por conseguinte, mais tranquilo e bom você pode ser.

Uma história favorita minha envolve um tempo em que Sua Santidade, o Dalai Lama, foi entrevistado na televisão. O entrevistador perguntou-lhe o que ele faz para ficar tão centrado, amistoso e amoroso o tempo todo. Ele respondeu simplesmente:

– Saio para o encontro marcado mais cedo.

Esperando uma resposta metafísica profunda, o entrevistador ficou espantado de ouvir algo tão básico. No entanto, são as pequenas decisões diárias que tomamos que compõem o teor e o tom de nossa vida. Se saímos cedo para os encontros marcados, permanecemos calmos e centrados em Espírito. Se saímos atrasados, geramos o drama, o medo e o estresse do ego.

A bondade que o Dalai Lama escolheu para si, saindo mais cedo, é simples. Mantendo seu ritmo e conduzindo seus afazeres num horário realista, ele deu um passo importante em ser capaz de ser bom com todos. Quando nos mantemos em compasso apropriado de modo que não haja pressa, relaxamos. Abandonamos o estresse e entramos no Espírito da graça.

Geralmente, a bondade é uma percepção de que somos todos Seres Divinos, presos a um aprendizado cujo objetivo é nossa maestria. É amor em ação. É o acelerador para o desejo de nossas almas de fazer desenvolver e expandir nossa paz.

Ser bom é diminuir o ritmo, relaxar e deixar a qualidade, mais que a quantidade, ser nosso objetivo maior na vida. A gentileza gera gentileza. Ela irradia pelo mundo como ondas no oceano. Sua bondade aciona a do outro, que então faz o mesmo com outro e, juntos, generosamente, elevamos o tom do mundo para que todos sejam respeitados e amados. A bondade é menos um gesto e mais uma permissão. Permite erros. Permite tempo e paciência. Permite encorajamento e perdão. Permite-nos perseguir nossa curva de aprendizado sem vergonha ou medo. Permite que a dignidade do Espírito conduza a vida. Permita-se mais bondade. Proporcione mais isso aos outros. É a única expressão do Espírito de amor-próprio que continua se doando.

Exercício simples: Siga sua intuição

A derradeira e talvez mais fortificadora de todas as decisões que você pode tomar quando se trata de se amar e vivificar seu Espírito é seguir sua intuição e permitir que ela guie sua vida.

Cada um de nós é dotado de um sexto sentido que se origina no centro de nosso coração. Esse sentido é nossa intuição, o que, literalmente, significa "mestre interior". Esse mestre interior é a voz de nosso eu mais autêntico, nosso Espírito. É a sabedoria da Fonte guiando nossa vida. Seguir nossa intuição é reivindicar nossa natureza Divina e vivificá-la. Surge como um sentimento visceral, uma sensação, um estalo, um lampejo. Para alguns, é sutil; para outros, um pouco mais forte... no entanto, não importa como parece, está lá em todos nós.

O primeiro passo para confiarmos em nossas vibrações é reconhecer a intuição como o maior patrimônio e dar-lhe o respeito que merece. Assim que honrar suas vibrações, confiar nelas, tudo fica mais fácil. Sua intuição fala de seu coração e de seu Espírito. O caminho mais simples para acessar sua intuição é pedir orientação a seu coração e, depois, escutar.

Você pode conseguir facilmente uma resposta de seu coração colocando a mão diretamente sobre ele, dizendo em voz alta: "Meu coração diz _____", e, depois, preencher o espaço em branco.

Ajuda, é claro, se você se sentir seguro e não ameaçado quando pergunta, portanto, dê a si mesmo o apoio e a privacidade necessários para fazer isso, sem distrações. Assegure-se de que as crianças estejam ocupadas, desligue seu celular e os telefones da casa, e também a tevê. Essa técnica funciona melhor quando você responde em voz alta. Quando seu coração fala, você sente a energia e a vibração de seu Espírito. É muito diferente da mente de seu ego – é calma, precisa e tranquila porque está conectada à mente Divina.

Eis aqui algumas outras maneiras de sintonizar-se consigo mesmo:

- Dê-se um tempo. Outra técnica para acessar sua intuição é dar-se um tempo antes de reagir a uma situação. Use esse período para dar uma pequena caminhada, escrever alguns minutos num diário, meditar, ou simplesmente tomar uma xícara de chá e entrar em contato com seu estado, como se sente. O ego é uma máquina intensa e muitas vezes superzelosa que o desvia de seus sentimentos intuitivos. É importante estar atento a essas distrações e contorná-las tirando alguns poucos minutos para voltar-se para dentro e escutar.

- Respire. Algumas poucas séries de respiração profunda também o ajudam a sintonizar-se com sua intuição. Leve apenas alguns momentos para inspirar pelo nariz e depois expirar um sonoro "Ah" pela boca. Essa técnica aquieta o ego e permite uma abertura para o coração.

- Fique receptivo. Outra dica para acessar a intuição é evitar perguntar aos outros suas opiniões antes de ficar receptivo à sua intuição, primeiro. Mesmo a sugestão mais bem intencionada pode desviá-lo da sintonia com o interno.

• Fale sobre isso. Verbalizar seus sentimentos ajuda um bocando ao tentar aprimorar seu sexto sentido. Às vezes você pode dizer, na verdade, se uma decisão ou caminho particular é certo ou não simplesmente ouvindo a vibração quando fala sobre isso.

Recentemente, contratei um jovem aluno de faculdade (bem-recomendado) para fazer alguns trabalhos de vídeo para mim. Conforme eu falava com meu gerente sobre ele, cada célula de meu corpo sentia que aquele rapaz não faria um bom trabalho. Tentei ignorar isso, porém quanto mais eu falava sobre ele, mais fortemente eu sentia que seria um desapontamento.

Confiando em minha hesitação, mudei minhas expectativas sobre ele na mesma hora. Fui adiante com o lançamento do primeiro vídeo, mas não estimulei um segundo. Em vez disso, pedi para ver o primeiro. Como previa, o que ele fizera não estava bom. Porém, como eu confiara em minha intuição, não fiquei surpresa, portanto isso não me aborreceu. Sem perder mais tempo, mudei de curso rapidamente e contratei alguém bem mais capacitado para a tarefa no dia seguinte. Caso não falasse sobre o assunto, eu poderia não sintonizar tão depressa a mensagem de que o rapaz era a pessoa errada, perdendo muito mais tempo. Ao falar sobre isso, fui guiada por minha intuição e não houve grandes problemas.

Escreva um diário. Escrever um diário também aprimora sua intuição. Anote simplesmente a afirmação: "Minha intuição me diz que '_____'", e, depois, escreva entregando-se ao fluxo da consciência por 10 a 15 minutos. Ficará encantado com aquilo que sua intuição revelará.

Uma cliente da Inglaterra que era médica tentou essa técnica. Escreveu: "Minha intuição me diz para parar com meu consultório particular e me mudar para a Nova Zelândia. Minha intuição me diz que estou infeliz com a medicina tradicional e que quero trabalhar com práticas de cura holística. Minha intuição me diz que meus pais e meus pares ficarão abismados com minhas ideias. Minha intuição me diz para fazer isso de qualquer maneira. Minha intuição me diz que serei feliz e terei êxito se o fizer".

Surpresa com esse exercício, ela percebeu de repente como estava infeliz com seu trabalho. Sua escrita lhe disse que tinha opções e sonhos secretos e que ficavam logo abaixo da superfície de sua mente. Também revelou o quanto ela vivia refém da aprovação dos outros e ignorava sua própria felicidade.

Essa percepção espantou-a. Levou-a a sério e largou o emprego. Como previsto, seus pais e os amigos pensaram que ela perdera o juízo e desaprovaram o gesto profundamente. Mesmo assim, segura de sua intuição, ela deixou de lado as objeções e mudou-se mesmo para a Nova Zelândia. Encontrou um trabalho mais fácil, mais leve como massoterapeuta. Também encontrou um marido maravilhoso e tornou-se mãe de dois filhos. Disse que nunca se arrependeu da decisão de mudar de direção e que nunca olhou para trás. Desse dia em diante, escreve no diário em busca de orientação e descobre que sempre está lá.

Quando você escrever no diário em busca de orientação, não analise suas respostas. Simplesmente escreva seus sentimentos e não faça nada, pelo menos não a princípio, a menos que sua intuição esteja gritando para mudar de curso – como aconteceu com minha cliente na Inglaterra – e a menos que o tempo seja essencial... depois aja.

Por exemplo, uma cliente escreveu: "Minha intuição me diz para ver minha mãe antes que seja tarde". A mãe estivera bastante doente por algum tempo, e sabia que poderia morrer da enfermidade, mas minha cliente não estava ciente de que a morte poderia acontecer tão depressa. Levou a sério o conselho e partiu no fim de semana seguinte para ver a mãe. Dois dias depois que voltou da viagem, sua mãe morreu de um violento ataque do coração, algo completamente diferente da doença em curso.

O segredo para aprimorar a intuição é expressar seus sentimentos íntimos e depois observar como lhe parecem em termos energéticos. Seu corpo responde geralmente ao sexto sentido. A verdadeira intuição, uma vez identificada, geralmente o deixa com uma sensação de calma ou satisfação, mesmo quando pede uma mudança de planos. Você se sente tranquilo em seu âmago assim que permite que seu Espírito fale e seja ouvido.

Sintonizar-se com sua intuição, contudo, é apenas metade da equação quando se trata de se amar e de ser fiel ao seu Espírito. O maior desafio mesmo é atuar segundo suas vibrações, à medida que surgirem. Muitas pessoas desejam, de verdade, confiar na intuição, mas nunca lidam bem com ela, e se arrependem mais tarde. Não seja uma dessas pessoas!

Comece atuando segundo sua intuição aos poucos, em coisas não arriscadas, todos os dias. Por exemplo, se, um dia, sua intuição diz para fazer um novo caminho de volta para casa do trabalho, então faça. Não perca tempo imaginando por quê. Quando se trata de algo pequeno e aparentemente inconsequente, dê uma chance a suas vibrações de influenciá-lo. Só assim aprenderá a confiar nelas. Além disso, seguir suas vibrações em pequenas coisas mantém sua vida divertida, renovada, espontânea e empolgante. Dá uma pausa a seu ego e, a seu Espírito, uma chance de liderar.

A palavra-chave é confiança. Dando ouvidos à sua intuição, aos poucos você começa a conquistar a fé nela em questões mais prementes da vida.

Conseguir um contato melhor com sua intuição e segui-la em coisas não arriscadas treina seu ego a recuar e convida seu Espírito a tomar as rédeas. Desse jeito, os dois aspectos do ego – a mente e a mente Divina – aprendem a cooperar uma com a outra e se tornam amigas. O ego é tranquilizado pelos benefícios positivos de seguir a intuição. E seu Espírito fica à vontade quando assume seu papel apropriado como a luz guia de sua vida.

Essa é a maneira mais simples de todos viverem, com cabeça e coração alinhados. Seguir sua intuição não eliminará, necessariamente, todos os seus infortúnios, mas aliviará muitos deles. E isso também permitirá que você navegue melhor pelas passagens mais difíceis da vida.

Sua intuição é a voz orientadora em sua vida. É a luz na escuridão e a melhor autoridade em todas as matérias. Confiar e atuar segundo ela reafirma que você é um Ser Divino, guiado pela Fonte, e não uma vítima do caos aleatório num mundo louco. Você deixa o mundo do medo – ou pelo menos ele se afasta bastante. Com sua paz e clareza aumentadas, você começa a compreender que a resposta é simples: o modo de se amar é vivificar seu Espírito. E o modo de vivificar seu Espírito é sempre e de todas as maneiras confiar em suas vibrações.

Epílogo

Quando chegava à conclusão deste livro, perguntei ao meu Espírito o que julgava ser o caminho mais simples de se amar e vivificar seu Espírito. Escutei por um momento e foi isso que ouvi:

Sonia, a vida é um teatro. Como almas, estamos aqui para aprender a viver, amar, criar e perdoar. Cada existência é como uma peça. Cada um assume vários papéis nela: alguns são heróis; outros, heroínas; alguns, vilões e vítimas; outros, palhaços e bobos. Não importa o papel que representamos, porque, no final, representamos todos eles. A única coisa que realmente importa depois de tudo que foi dito e feito é que nos lembremos de que tudo é uma peça Divina e nós, como Espíritos, somos os escritores criativos, os diretores e os atores em cada cena.

O propósito da peça é lembrar que estamos aqui para criar como Seres Divinos – e para perdoar todas as peças ruins que algum dia escrevemos e estrelamos, e tentar novamente. Existe sempre outra cena, outra chance, outra oportunidade de fazer a coisa certa, porque temos livre-arbítrio e podemos fazer tudo isso de outra maneira, se escolhemos assim. E a peça certa, a melhor peça é aquela em que amamos com abandono, rimos de tudo, esquecemos e perdoamos depressa e completamente, e somos eternamente gratos pela chance que nos foi dada de representar nesse teatro Divino chamado vida, em primeiro lugar.

Por tudo que eu disse neste livro, creio que meu Espírito – o Espírito que todos nós compartilhamos – resume melhor e torna tudo isso muito simples... Você não acha?

Agradecimentos

Gostaria de dedicar este livro à minha família, tanto de sangue como minha família anímica.

Isso inclui meu marido, Patrick; e minhas duas filhas, Sonia e Sabrina, que compreendem e apoiam minha missão e compartilham muito comigo, sem queixa.

À minha mãe e meu pai, Sonia e Paul Choquette, que me ensinaram cedo na vida que a alegria é nosso direito Divino e algo a ser reivindicado por mim a mim mesma.

A meus irmãos, Cuky, Stefan, Neil, Anthony, Noelle e Soraya, que sabem e refletem meu Espírito e me fazem rir como ninguém.

À minha família do Translucent You*, Cuky, Mark, Karl, Kyle, Crystal, Michelle, Debra, Kimo e Bradd, que me desafiam sempre para ser meu melhor, e celebram sem medo a vida comigo.

Ao meu apoio artístico, Julia Cameron e Linda Kahn, que ajudaram a formatar minhas ideias literárias em livros de verdade.

À minha família da Hay House, Reid, Louise, Mollie, Jill, Alex, Nancy, Chris, Adrian, Margarete, à equipe de publicidade e a todas as pessoas nos bastidores, por acreditarem em mim de todas as maneiras, tratando-me como realeza e honrando meu Espírito.

(*) Processo em grupo para reconectar os elementos físico, emocional, mental e espiritual de cada pessoa num santuário localizado na ilha de Kauai, nas Ilhas do Sul, com workshops para elevar o estado de consciência dos participantes.

Aos meus amigos e vizinhos, aqui e na França, que criam comunidade e celebram comigo o ano inteiro. A LuAnn Glatzmaier, por me estimular quando pensei que a resposta não era tão simples, e me lembrar que é. Para Erica Trojan e Jessica Burnett, por me orientar na pesquisa de minhas ideias para este livro. A Valentina Grodzena, por manter meu lar alicerçado e sólido. A Ann Kaiser, por traduzir rápida e amorosamente minhas anotações desordenadas num manuscrito prático. E um obrigado especial e de coração, e agradecimentos a Ryan Kaiser, meu gerente e sócio, que torna tudo em minha vida de trabalho extremamente simples. Você é o máximo.

Este livro foi impresso pela Prol Editora Gráfica
para a Editora Prumo Ltda.